본이 되는 하나님의 사람

장 로

개정판

본이 되는
하나님의 사람
장로
개정판

차 례

본 서적에 나오는 『교리와 장정』에 관한 내용은 반드시 최신판을 참고하시기 바랍니다.
『교리와 장정』이 개정될 때마다 수정된 내용을
감리회 홈페이지(https://kmc.or.kr) 공지사항에서 확인하실 수 있습니다.

장로 과정 교육

『교리와 장정』 제10편 과정법

제 3 장 장로 고시 및 진급 과정

제3조(장로과정) 신천장로는 아래 과정고시에 합격하여야 한다.

① 신천장로 고시과정

1. 신·구약 개론 2.『교리와 장정』 3. 감리교회사
4. 설교학 5. 임원 지침

② 이명장로 고시과정(감리회 인정 타 교파 출신)

1.『교리와 장정』 2. 감리교회사 3. 감리교신학 4. 임원 지침

③ 진급 과정

1년급 : 1. 구약(역사서·예언서) 2. 신약(복음서·요한서신)
3. 기독교교육

2년급 : 1. 구약(지혜서〈시가서〉) 2. 신약(바울서신)
3. 웨슬리의 생애 4. 기독교원리(개론)

④ 연수과정 : 감리회 본부 교육국에서 시행하며 각 호와 같다.

1. 제1과정 : 교회 부흥을 위하여 예배, 설교, 전도, 선교, 교리와 장정에 관하여 교육한다.
2. 제2과정 : 교회 성숙과 건강한 교회를 지향하기 위하여 기독교교육, 기독교윤리, 사회복지, 성경에 근거한 동성애 관련 교육과 양성평등 및 성폭력 예방교육을 실시한다.
3. 제3과정 : 신앙의 성숙과 은퇴를 위하여 성경, 노인, 인간관계에 관련하여 교육한다.

⑤ 지방회는 장로 과정고시를 위한 진급교육을 실시하고 신천장로 고시나 이명장로 고시에 합격한 이는 2년의 진급교육 및 과정고시를 5년 안에 마쳐야 한다. 국외근무자의 경우는 정상을 참작하여 유예할 수 있다.

⑥ 고시문제는 위원회에서 공동 출제하여 지방회 과정고시위원회에 위임한다.

⑦ 감리회 계통 신학대학교 혹은 신학대학원 및 연회 신학원(4년제) 졸업자는 그 증서를 제출하면 과정고시 과정 중『교리와 장정』만 고시한다.

신천장로 및 이명장로 고시과정

1장

01 구약 개론 (신천)

02 신약 개론 (신천)

03 교리와 장정 (신천·이명)

04 감리교회사 (신천·이명)

05 설교학 (신천)

06 임원 지침 (신천·이명)

07 감리교신학 (이명)

구약 개론

1. 타낙과 구약성경

성경(聖經) 혹은 성서(聖書)는 성경전서(聖經全書)를 줄여서 부르는 이름이다. 구약성경(舊約聖經)과 신약성경(新約聖經)은 서로를 전제하면서 성경전서를 이룬다. 우리가 읽는 구약성경의 원래 이름은 히브리어로 기록되고 읽히던 '타낙(Tanak)'이다. 신약성경이라는 이름은 예레미야 31장 31절에 나오는 '새 언약'이라는 표현에서 따온 이름인데, 신약성경과 그 이름이 생기면서 기독교에서는 타낙을 구약성경이라고 불렀다.

1) 타낙

모두 24권으로 구성된 히브리어 성경 겉표지에는 '율법서와 예언서와 성문서(Torah and Nebiim and Kethubim)'라는 다소 긴 제목이 달려 있다. 그리고 그 긴 이름을 줄여 간단하게 타낙(Tanak)이라고 부른다. 타낙의 T, N, K는 율법서(Torah)와 예언서(Nebiim)와 성문서(Kethubim)의 첫 번째 글자를 의미한다.

이와 같은 타낙의 삼(三)구분법은 예수님께서 하신 말씀 중에도 나타난다(눅 24:44~48).

(1) 율법서 (Torah 토라)

① 창세기 ② 출애굽기 ③ 레위기 ④ 민수기 ⑤ 신명기

(2) 예언서 (Nebiim 느비임)

〈전기예언서〉

① 여호수아 ② 사사기 ③ 사무엘 ④ 열왕기

〈후기예언서〉

⑤ 이사야 ⑥ 예레미야 ⑦ 에스겔 ⑧ 소예언서(호세아~말라기)

(3) 성문서 (Kethubim 케투빔)

〈시와 지혜〉

① 시편 ② 잠언 ③ 욥기

〈메길로트: 절기 때에 읽는 다섯 두루마리〉

④ 전도서 ⑤ 아가 ⑥ 룻기 ⑦ 애가 ⑧ 에스더

〈역사서와 묵시〉

⑨ 에스라-느헤미야 ⑩ 역대기 ⑪ 다니엘

2) 구약성경

이와 달리 구약성경(The Old Testament)은 타낙의 24권을 39권으로 세분화하여 넷으로 분류한다. 오경과 역사서는 이스라엘 사람들의 과거에 있었던 사건을, 지혜서는 현재를, 예언서는 미래의 소망을 담는다는 의미를 지닌다. 비록 배열 방법과 순서는 바뀌었지만, 그 내용은 바뀌지 않았다. 이는 하나님의 말씀을 가감하지 않는다는 정신에 따른 것이다.

(1) 오경 (Pentateuch)

① 창세기 ② 출애굽기 ③ 레위기 ④ 민수기 ⑤ 신명기

(2) 역사서 (Historical Books)

〈신명기 역사서〉

① 여호수아 ② 사사기 (③ 룻기) ④ 사무엘상 ⑤ 사무엘하
⑥ 열왕기상 ⑦ 열왕기하

〈역대기 역사서〉

⑧ 역대상 ⑨ 역대하 ⑩ 에스라 ⑪ 느헤미야 (⑫ 에스더)

(3) 지혜서 (= 시가서 Wisdom/Poem)

① 욥기 ② 시편 ③ 잠언 ④ 전도서 ⑤ 아가

(4) 예언서 (Prophets)

〈대예언서〉

① 이사야 ② 예레미야 (③ 예레미야 애가) ④ 에스겔 (⑤ 다니엘)

〈소예언서〉

⑥ 호세아 ⑦ 요엘 ⑧ 아모스 ⑨ 오바댜 ⑩ 요나 ⑪ 미가 ⑫ 나훔
⑬ 하박국 ⑭ 스바냐 ⑮ 학개 ⑯ 스가랴 ⑰ 말라기

2. 오경

창세기에서 신명기까지의 다섯 권의 책이다. 천지 창조와 처음 사람들, 이스라엘의 조상 이야기 그리고 출애굽과 광야 여정을 담고 있다. 율법, 즉 하나님의 가르침이 담겨 있어서 구약성경의 핵심이라고 할 수 있다.

(1) 창세기 (Genesis)

구약성경과 오경의 첫 책으로 등장하는 창세기의 히브리어 이름 브레쉬트는 '태초에, 근원에'라는 뜻이다. 창세기의 전반부(1~11장)는 하나님의 세상 창조 과정을 시작으로 처음 사람인 아담과 하와 이야기(3장), 가인이 동생 아벨을 죽인 이야기(4장), 노아 시대의 홍수와 방주 이야기(6~9장), 민족들의 계보(10장), 바벨탑 이야기(11장)를 담고 있다. 이는 비단 이스라엘만의 역사가 아닌 인류의 기원과 관련한 이야기이기 때문에 성서 안의 '세계사'라 불리기도 한다. 또 역사 이전의 역사라는 의미에서 '전역사(前歷史), 원역사(原歷史)'라고 하기도 한다.

아브라함부터 야곱까지의 선조들 이야기와 야곱의 후손인 요셉과 그의 형제들 이야기를 담은 창세기 후반부(창 12~50장)는 흔히 '족장사(族長史)'라는 이름으로 불린다. 칠십오 세의 나이에 여호와의 말씀을 따라 가나안으로 이주한 아브라함에게 하나님은 땅과 후손에 대한 약속을 하셨다. 하나님의 약속이 성취되기까지는 오랜 기다림의 시간이 있었다. 땅에 대한 하나님의 약속은 이스라엘 민족이 가나안 땅을 차지한 여호수아 시대에(수 21:43~45), 그리고 하늘의 별처럼 바다의 모래처럼 많으리라는 후손에 대한 약속은 출애굽 시대에 이르러서 온전히 성취되었다(출 1:7, 12:37).

아브라함은 백 세에 이르러서야 비로소 이삭을 낳았다(21장). 인간적으로는 불가능한 상황에서, 하나님의 말씀대로 아들을 낳았다. 아브라함의 아들 이삭은 에서와 야곱이라는 쌍둥이를 낳았고, '이스라엘'이라는 민족의 이름은 야곱의 바뀐 이름으로 나타난다(32:28). 야곱은 네 명의 부인(레아, 라헬, 빌하, 실바)에게서 열두 명의 아들(르우벤, 시므온, 레위, 유다, 단, 납달리, 갓, 아셀, 잇사갈, 스불론, 요셉, 베냐민)을 낳았다. 이중 요셉의 이야기는 창세기에서 가장 많은 분량을 차지한다(37~50장). 이복형들의 미움을 받아 종으로 팔려 간 요셉은 애굽에서 총리가 되고, 아버지 야곱을 비롯한 70명의 친척은 애굽으로 이주했다.

(2) 출애굽기 (Exodus)

애굽에 내려와 살던 야곱의 후손, 즉 이스라엘 민족은 애굽의 노예로 전락했다. 애굽의 왕궁에서 자란 모세는 애굽인을 죽이고 미디안 광야로 피해 달아났다. 평범한 목자로 살아가던 그는 하나님께 출애굽의 지도자로 부름을 받았다. 모세의 지도 아래 애굽에서 벗어난 이스라엘 백성은 해방의 기쁨을 맛보기도 전에, 앞에는 홍해가 있고 뒤에서는 성난 애굽의 군사가 쫓아오는 상황에 놓였다. 진퇴양난의 상황에서 하나님은 홍해를 둘로 갈라주셨다(14:21). 이 사건은 이스라엘 역사에서 가장 중요한 사건으로 남아, 항상 회상의 대상이 되었다.

홍해를 건넌 모세와 이스라엘 백성은 시내산(Mt. Sinai)에 이르러 언약을 맺고 하나님의 가르침을 받았다. 이때 받은 하나님의 가르침을 '토라(Torah)'라고 하는데, 오경 전체를 토라라고 부르기도 한다. 그리고 그 토라의 중심에는 모든 가르침의 핵심인 십계명이 있다(20:3~17).

출애굽기의 후반부(25~31장)는 이동식 성소로서의 성막 건립에 대한 이야기를 담고 있다. 성막은 출애굽한 이스라엘이 광야생활 중 하나님과의 만남을 가능케 한 장소였다. 이 성막은 건축 계획에서부터 하나님의 주도하에 이루어졌으며, 하나님이 이스라엘 백성 중에 거하심, 즉 백성의 시간과 공간 안에서 항상 그들과 함께하심을 말해 주고 있다.

(3) 레위기 (Leviticus)

레위기는 구약성경에 나타나는 이스라엘의 종교적 특성을 가장 잘 보여 주는 책이다. 이스라엘의 열두 지파 가운데 하나이자 이스라엘 역사에서 제사장 지파로 자리 잡은 레위의 이름을 따서 지은 이름이다.

여기에는 번제, 소제, 화목제, 속건제, 속죄제 등 구약성경의 각종 제사와 유월절, 맥추절, 초막절, 안식년, 희년 등의 절기와 축제들을 위한 종교적 의식과 규정들을 담고 있다. 특히 성결법전(Holiness Code)으로 불리는 레위기

17~26장은 이스라엘이 거룩한 백성으로 살아가야 하는 이유와 방법을 제시하고 있다. 성막에서 이스라엘이 어떤 제사를 드려야 하는지, 그 성막을 중심으로 어떤 삶을 살아야 하는지, 이스라엘 백성이 행해야 할 구체적인 종교적 삶에 대해 자세히 다루고 있다.

(4) 민수기 (Numbers)

민수기라는 이름은 광야에서 있었던 두 번의 인구 조사를 반영하는 이름이다(1~4장, 26장). 그러나 민수기의 히브리어 이름은 '베미드바르'로, 그 의미는 '광야에서(In the wilderness)'다.

이스라엘 백성은 시내산을 출발하여 본격적인 광야 여정을 시작했다(10:11). 이스라엘은 낮이면 여호와의 구름기둥이 이끄는 곳으로 이동했고, 밤이면 불기둥 아래에 머물면서 약속의 땅을 향해 나아갔다. 민수기는 사람이 살 수 없는 악조건으로 가득한 광야에서 하나님이 어떻게 자신의 백성을 인도하셨는지, 필요한 것들을 어떻게 공급하셨는지, 광야 여정 중에 이스라엘과 함께하신 하나님의 임재와 은혜를 구체적으로 담고 있다. 이스라엘이 경험한 광야 생활은 극심한 고난의 연속이었다. 그러나 신앙적으로 볼 때 광야에서의 시간은 하나님께서 이스라엘을 하나님의 백성으로 훈련시킨 은총의 기간이었다.

(5) 신명기 (Deuteronomy)

신명기의 영어 이름 듀트로노미(Deuteronomy)는 '두 번째 율법'이라는 뜻을 지닌다. 이는 신명기 17장 18절의 '이 율법서의 등사본'이라는 말에서 생겨난 것으로, 이전에 시내산에서 받은 율법을 반복한다는 의미를 담고 있다.

신명기는 모세가 모압 평지에서 행한 세 번의 설교를 담고 있다. 모세는 이스라엘이 하나님의 백성, 선민(選民), 성민(聖民)이 된 것은 그들에게 어떤 자격이 있어서가 아니라 전적으로 하나님의 은총이요, 이스라엘의 특권임을 역설한다. 그러면서 고별 연설을 통해 하나님의 백성답게 살아야 할 책임을 전한다. 출애굽 후 40년간의 광야 생활은 이스라엘이 하나님께 불순종하고 거역한 역사였지만(9:6~7,24), 이제는 하나님 말씀에 순종하면서 하나님의 백성답게 살아야 할 것을 가르치고 있다(8:11~20). 흔히 '쉐마'라고 불리는 신명기 6장 4~5절은 신명기 전체를 대표하는 말씀일 뿐만 아니라, 구약의 이스라엘 신앙을 잘 요약해 준 말씀이다.

모세는 자신의 모든 지도권을 후계자 여호수아에게 넘겨주고 모압 땅에 남아 죽음을 맞이했다. 여호와의 말씀대로 홀로 남아 생을 마감한 모세는 가장 위대했던 예언자로 꼽힌다(34:10).

3. 역사서

구약성경의 역사서는 '신명기 역사서'와 '역대기 역사서'로 구분된다. 신명기 역사서는 가나안 땅 진입(여호수아)에서부터 사사 시대를 거쳐 왕정을 형성하고 그 땅에서 쫓겨나 포로로 끌려가기까지의 역사를 기록하고 있다. 역대기 역사서는 인류의 족보에서 시작하여 다윗과 솔로몬 시대, 남유다 왕들의 역사 그리고 포로에서 돌아온 사람들의 이야기를 담고 있다.

1) 신명기 역사서

(1) 여호수아 (Joshua)

모세의 지도하에 홍해를 건넜듯이, 이스라엘 백성은 여호수아의 지도하에 언약궤를 앞세우고 요단강을 건너 가나안 땅으로 들어갔다. 견고한 성읍인 여리고 정복을 시작으로 이스라엘은 가나안의 도시들을 하나하나 차지했다. 여호수아서에 나타난 하나님의 모습은 이스라엘 편에 서서 싸워 주시는 용사의 모습이다(10:42). 가나안 점령을 마친 여호수아는 정복한 모든 땅을 이스라엘 열두 지파에게 분배했다. 하지만 제사장 지파인 레위 지파는 그 분배에서 제외되고, 가나안 땅 전역에 걸쳐 여러 도시에 분산돼 살면서 이스라엘의 종교적 사역을 감당했다.

가나안은 이스라엘이 자신들의 힘으로 싸워 쟁취한 땅이 아니라 하나님이 대신 싸워서 이스라엘에게 선물로 주신 땅이었고, 땅의 분배는 일찍이 하나님께서 조상들에게 약속하셨던 말씀의 실현이었다(21:43~45).

(2) 사사기 (Judges)

사사기는 이스라엘 백성이 가나안 땅에 정착한 이후, 왕정이 수립될 때까지의 약 200년(기원전 1200~1000)의 역사를 다룬다. 이스라엘의 죄(3:7) – 하나님의 진노와 심판(3:8) – 이스라엘의 회개(3:9a) – 하나님의 구원(3:9b)이라는 사이클을 통해 역사의 교훈을 전달한다(2:11 이하, 3:7~9, 4장, 6장, 10:6 이하, 13:1 이하 참조).

『공동번역』에서 사사기를 판관기라고 부르는 것은 재판관으로서의 사사들의 역할을 강조한 히브리 성경의 이름을 따랐기 때문이다. 사사는 전쟁이 없던 시대에 주로 재판관 역할을 했지만, 이방 민족과 싸워야 했던 전쟁의 시기에는 카리스마적 지도자, 구원자의 역할을 했다. 옷니엘(3:7~11), 에훗(3:12~30), 드보라(4~5장), 기드온(6~8장), 입다(10:6~12:7), 삼손(13~16장) 등이 위기의 상황에서 사사로 부름 받아 이스라엘을 구원했다.

(3) 룻기 (Ruth)

룻기는 다윗의 조상이 된 모압여인 룻과 시어머니 나오미의 삶과 신앙을 다룬 책이다. 타낙에서는 성문서의 다섯 두루마리(메길로트) 중 하나지만, 구약 성경에서는 사사기 다음에 위치하고 있다. 그 이유는 1장 1절에서 소개하는 룻기의 시대적 배경이 바로 사사 시대이기 때문이다.

(4) 사무엘상·하 (1&2 Samuel)

사사 시대에서 왕정 시대로 옮겨 가는 정치적 변화 시대의 모습을 신학적인 관점에서 기록한 책이다. 기원전 13세기 후반 블레셋이라는 해양민족이 가나안에 들어왔고, 이스라엘의 사사 체계를 위협했다. 이스라엘의 마지막 사사였던 사무엘은 이 시대적 전환기에 이스라엘의 킹메이커(king-maker) 역할을 담당했다. 이스라엘 백성은 사무엘을 찾아가 왕을 세워 달라고 요청했고, 사무엘은 사울에게 기름을 부어 이스라엘의 초대 왕으로 세웠다. 하지만 왕위에 오른 사울은 하나님의 말씀에 순종하지 않았고 하나님께 버림을 받았다. 사무엘은 사울과 결별했고, 사울은 블레셋과의 전쟁에서 전사했다(삼상 31장).

골리앗과의 싸움(삼상 17장)에서 본격적으로 등장한 다윗은 모든 백성의 신임을 얻었고, 사울의 전사 후 왕으로 등극했다. 그는 블레셋과의 전쟁에서 승리했고, 예루살렘을 정복해 수도로 삼았으며, 하나님 임재의 상징인 언약궤를 예루살렘으로 옮겨 왔다. 언약궤가 옮겨진 후 하나님은 다윗과 영원한 계약을 맺으셨고(삼하 7:12~16), 이로 인해 다윗의 왕권은 더욱 견고해졌다. 하지만 그는 자신의 신하였던 우리아의 아내 밧세바를 범했고, 이를 숨기기 위해 우리아를 죽게 만드는 죄를 범하기도 했다. 예언자 나단이 질책하자 다윗은 자신의 죄를 고백하고 용서를 받았다.

(5) 열왕기상·하 (1&2 Kings)

'이재(理財)의 왕' 혹은 '지혜의 왕'으로 불리는 솔로몬은 아버지 다윗이 간절히 소원했던 성전을 건축했다. 그러나 여러 건축 사업으로 고갈된 국고를 충당하기 위해 국토의 일부를 외국에 매각했고, 국제 정략결혼을 하여 종교적인 문란과 우상 숭배를 가져왔다(왕상 11장). 솔로몬이 죽은 후 이스라엘은 다윗 왕조가 치리하는 남왕국 유다(초대 왕 르호보암)와 북왕국 이스라엘(초대 왕 여로보암)로 나뉘었다.

북왕국의 초대 왕 여로보암은 이스라엘 영토의 최북단 단과 최남단 벧엘에 두 금송아지를 세우고, 레위 사람이 아닌 보통 사람들로 제사장을 삼으며, 심지어 이스라엘의 종교력까지 바꾸는 등 종교적 범죄 행위를 일삼으며 남왕국 유다와 대립했다(왕상 12:25~33). 이는 이스라엘의 신앙 원칙을 무너뜨리는 일이었다. 신명기 사가는 이같은 여로보암의 종교적 범죄를 북왕국 이스라엘의 원죄로 규정하고, 여로보암의 길을 따라간 그 이후의 모든 북왕국 왕들에 대해 '악한 왕'이라는 부정적인 평가를 내리고 있다.

기원전 722년, 북왕국 이스라엘은 신흥 앗수르의 침공으로 멸망했다. 홀로 남은 남왕국 유다에서는 히스기야와 요시야 같은 왕들이 앗수르에서 벗어나려는 정치적 개혁을 펼침과 동시에, 산당을 비롯한 각종 우상을 제거함으로써 순수한 신앙을 회복하려는 종교 개혁을 일으켰다. 그러나 요시야는 북방으로 진출하려던 애굽과의 므깃도(Megiddo) 전투에서 전사했고(왕하 23:29), 이후 남왕국 유다는 급격하게 몰락하기 시작했다. 앗수르를 무너뜨린 바벨론 제국의 느부갓네살 왕은 예루살렘을 함락해 멸망시켰고, 성전마저 불태우고 말았다(기원전 586년). 유다 왕국의 많은 이들이 바벨론에 포로로 끌려갔고, 이때부터 바벨론 포로 시대가 전개된다.

2) 역대기 역사서

(1) 역대기상·하 (1&2 Chronicles)

역대기 역사서는 신명기 역사서와는 다른 관점으로 이스라엘의 역사를 다룬다. 다윗과 솔로몬을 철저하게 '종교적 지도자'로 부각시킨다. 다윗 왕은 예루살렘 성전을 중심으로 한 모든 종교 제도와 의식의 창시자다(대상 22~28장). 다윗이 사울을 피해서 망명생활을 할 때 이스라엘의 적이었던 블레셋 편에 가담한 일, 밧세바와의 사건과 그의 남편 우리아를 죽게 한 일, 압살롬의 반란 등 다윗의 부정적인 모습이 완전히 배제된다. 솔로몬에 대해서도, 신명기 사가가 지적하고 있는 부정적인 모습들, 예를 들어 왕위를 계승하기 위해

쟁탈전을 벌였던 일, 많은 여인을 아내로 맞이하고 우상 숭배의 죄를 범했던 일 등에 대한 언급 없이, 이상적인 종교 지도자로서의 모습을 부각시킨다. 이후 등장하는 유다 왕들에 대해서는 성전과 예배, 종교 공동체를 위해 공헌한 것이 무엇인지를 두고 평가한다. 히스기야와 요시야가 대대적인 종교 개혁 운동을 펼친 것을 종교 공동체 회복을 위한 좋은 예로 삼고 있다.

역대기 역사서는 남왕국 유다 중심의 역사를 기술하는데, 그 이유는 북왕국 이스라엘은 초대 왕 여로보암을 비롯한 모든 왕이 종교적 혼합주의와 우상 숭배에서 떠나지 않았고, 무엇보다도 멸망한 이후 앗수르 제국이 펼친 혼혈 정책으로 인해 순수한 역사의 계승자가 될 수 없다고 보았기 때문이다.

(2) 에스라 (Ezra)

기원전 538년, 바벨론에 포로로 끌려갔던 유다인들은 바사(=페르시아) 왕 고레스의 칙령에 따라 모두 네 번에 걸쳐 다시 가나안 땅으로 돌아왔다. 첫 번째 귀향은 유다 총독인 세스바살의 지도하에 이루어졌다. 세스바살이 성전의 기초를 놓기는 했으나 그 사역은 이내 중단되었다(5:13~16). 두 번째 귀향은 다리오 왕 때에 제사장 예수아와 왕족 스룹바벨의 지도하에 이루어졌다. 성전이 재건, 봉헌되었고(기원전 515년), 이때부터 제2성전 시대가 시작된다(3~6장). 세 번째 귀향은 아닥사스다 왕 때에 학사 겸 제사장이었던 에스라가 이끌었다. 에스라는 율법에 따라 강도 높은 개혁 운동을 주도하여 종교적 공동체로서의 이스라엘의 회복을 도모했다(7장). 에스라의 종교 개혁은 많은 학자들에 의해 사실상 구약성경에서 유일하게 성공한 개혁 운동으로 평가받으며, 오경이 정경으로 그 권위를 인정받은 때 역시 에스라 시대로 보고 있다.

(3) 느헤미야 (Nehemiah)

마지막 네 번째 귀향을 이끈 느헤미야는 12년 동안 유다의 총독을 지내면서 예루살렘 성벽을 재건하고, 에스라와 함께 사회적 기강과 종교 질서를 세우는 데 공헌했다(13장). 느헤미야서의 주제가 '예루살렘 성벽의 재건'이라고 할 수 있을 정도로, 이 책은 귀향민을 이끌고 돌아온 느헤미야가 성벽을 완성하기까지 난관들을 어떻게 극복했는지 설명하고 있다.

(4) 에스더 (Esther)

에스더는 바사 제국 시대, 황실의 겨울궁 수산에서 있었던 사건을 기록한 책이다. 하나님의 이름이 단 한 군데도 등장하지 않는 책이지만, 포로 이후 시대에 고향 땅 가나안으로 돌아가지 않고 바사 제국에 그대로 남아 있던 유다인들의 여호와 신앙과 그들을 향한 하나님의 도우심을 극적으로 묘사하고 있다. 종교적 전통을 지켜나가려 했던 포로 이후 시대의 유대인들의 삶과 그들이 당할 수밖에 없었던 어려움을 잘 보여 주고 있다.

4. 지혜서(시가서)

구약성경의 대부분의 책들은 하나님의 말씀과 신앙고백에 그 출발점이 있다. 반면에 지혜서는 인간의 이성과 경험, 즉 삶이 제기하는 여러 문제의 해답을 찾으려고 하는 데 그 출발점이 있다. 이 책들은 시대 순서에 따라 배열되었다. 족장 시대에 우스 땅에 살았던 욥이 가장 먼저 나오고, 다윗이 주저자인 시편, 솔로몬이 주저자인 잠언, 전도서, 아가가 그 다음에 등장한다.

(1) 욥기 (Job)

전도서와 함께 구약성경의 사변적 지혜문학에 속하는 책으로, 역사상 많은 문학가들에 의해 인류가 낳은 문학작품 중 백미로 인정받아 왔다. 특히 산문(1~2장) – 운문(3:1~42:6) – 산문(42:7~17)으로 구성된 점은 욥기의 독특한 문학 형태를 보여 준다.

욥기의 무대는 천상과 지상, 두 군데다. 천상 무대에서 일어난 회의 결과로, 욥의 고난과 시련이 시작된다. 연속된 재앙으로 욥의 자녀들은 모두 죽었고 아내는 욥을 저주하며 떠나버렸다. 욥은 자신이 당하는 고난의 원인을 두고 세 친구인 엘리바스, 빌닷, 소발과 논쟁했고, 엘리후의 연설도 들었지만 그들을 통해서는 명쾌한 설명을 듣지 못했다. 하지만 폭풍우 가운데서 하나님의 말씀을 들은 그는 티끌과 재 가운데에서 회개한다고 고백하였다(42:4~6). 하나님은 그러한 욥에게서 모든 곤경을 거두시고 잃었던 소유물을 갑절로 회복시켜 주셨다.

이와 같은 고난과 축복은 욥의 의로운 삶에 대한 기계적인 보상이 아닌, 전통적인 인과응보적 사상으로는 풀이될 수 없는 하나님의 자유로운 은혜에 근거를 둔다.

(2) 시편 (Psalms)

히브리어로 테힐림(Tehillim)으로 불리는 시편은 '하나님을 찬양한 노래'라는 뜻을 지니고 있다. 전체 150편인 시편은 5부로 구성되어 있는데, 이러한 구조는 구약성경에서 가장 권위 있는 부분인 오경의 형식을 본떴다는 것이 가장 일반적인 견해다.

또한 시편은 그 내용과 형식에 있어서 찬양시, 감사시, 탄원시, 신뢰시, 지혜시, 토라시, 왕조시, 시내산 시편, 구속사 시편 등 다양하게 구분된다. 가장 많이 애독되는 시편 23편은 하나님의 선하심과 자비하심이 그 어떤 고통 중에도 영원히 지켜 주실 것을 확신한 대표적인 신뢰시다.

예수께서 구약의 여러 성문서들을 가리켜 '시편'으로 말씀하실 정도로(눅 24:44), 시편은 신약 시대의 많은 사람들에게도 가장 대표적인 성문서로 인정받은 책이다. 또한 시편은 신약성경에서도 가장 많이 인용된 책이다. 신약성경에서 인용한 구약성경 본문 가운데 1/3이 시편의 말씀이고, 예배 중에 사용하는 교독문에도 시편이 가장 많이 인용돼 있다.

(3) 잠언 (Proverbs)

잠언은 욥기, 전도서와 함께 '구약의 지혜문학'이라는 독특한 장르를 형성한다. 고대 근동의 다른 나라들에서 지혜란 삶의 경험적인 지식을 통해 처세에 능하도록 이끄는 데 그 목적이 있었던 반면, 이스라엘의 지혜는 인생의 성공이 사람의 명철과 영리함에 달려 있는 것이 아니라 근본적으로 하나님을 경외하고 그 뜻을 따르는 데 달려 있음을 알게 하는 데 그 목적이 있다(1:7, 9:10).

이러한 하나님 경외 사상은 마음을 다하여 여호와를 신뢰하고 자신의 명철을 의지하지 않으며 범사에 하나님을 인정하고 악에서 떠나는 것(3:5~7), 하나님이 주신 것들을 다시 하나님께 드리는 것(3:9), 자녀를 가르침에 있어서 하나님의 말씀에 따라 훈계하는 것(3:11~12) 등을 통해 나타난다. 또 인격화된 지혜는 길거리와 광장 등 사람들이 모여 있는 곳이면 어디든 찾아다니며 외치고 있다(1:20). 이때 외치는 내용은 하나님을 경외함이 올바른 지식이라는 것이다(1:29). 나아가 잠언에서 말하는 지혜는 세상의 창조 이전에 선재(先在)했고, 하나님이 세상을 창조하실 때 그 동역자였다.

(4) 전도서 (Ecclesiastes)

전도서는 성공적인 삶과 행복이 사람의 행동에 좌우된다는 전통적인 지혜관과는 사뭇 다른 가르침을 준다. 본디 사람의 행복은 열심히 땀 흘려 일하고 거기서 얻은 삶의 열매로 누리는 것이지만, 전도자는 해 아래 수고하는 모든 노력과 수고 그리고 그로 인한 열매마저 헛되다고 말한다(1:2). 그러나 전도자는 인생과 세상을 부정적으로만 보는 것은 아니다. 단지 하나님이 하시는 일의 시종(始終)을 사람이 알 수 없을 뿐이다. 모든 일에는 때가 있고, 삶과 세상은 분명 하나님이 주신 선물이다.

그리고 삶을 살아가는 데 있어서 중요한 원칙 하나를 제시하는데, 그것은 창조주 하나님을 기억하라는 것이다(12:1~7). 창조주를 기억하며 사는 것이 허무해 보이는 이 세상에서 가장 의미 있는 인생을 살아가는 방법이기 때문이다.

(5) 아가 (Song of Songs)

노래들 중의 노래(song of songs), 즉 가장 아름다운 노래라는 뜻을 가진 아가는 '구약 안의 지성소'로 여겨졌고, 남녀 간의 거침없는 애정 표현 때문에 유대인들은 자녀들이 성인식을 올릴 때까지 읽는 것을 금했다. 하지만 기독교에서는 전통적으로 아가에 나타나는 사랑을 이스라엘 백성을 향한 하나님의 사랑, 교회를 향한 그리스도의 사랑을 표현한 것으로 해석하고 있다.

5. 예언서

구약의 예언자(預言者)라는 말은 히브리어 나비(navi/nabi)의 번역이다. 나비라는 말에는 부름 받은 자, 전달자, 알리는 자, 보내신 분을 대신해 말하는 자라는 뜻이 있다. 그래서 예언자를 대언자(代言者)라고 부르기도 한다. 타낙(Tanak)의 후기예언서를 구약성경에서는 대예언서(이사야, 예레미야, 에스겔)와 소예언서(호세아~말라기)로 구분하는데, 이와 같은 대소(大小)의 구분은 책의 분량에 따른 것이다. 12권의 소예언서를 한데 묶으면 대략 대예언서 한 권 분량이 된다.

1) 대예언서

(1) 이사야 (Isaiah)

이사야는 웃시야, 요담, 아하스, 히스기야에 이르기까지 4대 왕에 걸친, 구약의 문서 예언자들 중에서 가장 오랫동안 활동한 기원전 8세기의 예언자다. 그는 성전에서 천상 회의에 참여하는 환상 가운데 예언자로 부름을 받았다(6장).

이사야서는 내용과 시대에 따라 크게 세 부분으로 구분한다.

첫째 부분(1~39장)은 남왕국 유다가 멸망하기 이전을 시대적 배경으로 하는데, 두 번에 걸친 전쟁이 있었다. 하나는 아람과 북왕국 이스라엘이 동맹을 맺고 남왕국 유다를 침공한 전쟁이다(시리아-에브라임 전쟁. 기원전 735년). 이때 이사야는 외세의 도움을 받지 말고 하나님 한 분만을 의지할 것을 외쳤으나, 아하스 왕은 앗수르의 도움을 받았고 결국 남왕국은 앗수르의 속국으로 전락했다. 다른 하나는 히스기야 왕이 종교적, 정치적 개혁을 단행하자 앗수르의 산헤립 왕이 침공한 일이다(기원전 701년). 이때에도 이사야는 철저하게 하나님을 의지하고 믿을 것을 선포했다. 히스기야 왕은 이사야의 말을 따랐고, 남왕국 유다는 기적적으로 승리했다.

둘째 부분(40~55장)은 바벨론에 포로로 잡혀 간 백성들을 향해 하나님이 주신 말씀, 즉 고향으로 돌아가리라는 것과 예루살렘이 재건될 것이라는 위로와 희망의 메시지로 구성되어 있다.

셋째 부분(56~66장)에서 이사야는 유다 사람들이 바벨론에서 가나안으로 돌아온 이후의 상황을 배경으로 다가오는 구원의 시대를 내다보았다.

(2) 예레미야 (Jeremiah)

경건한 제사장 가문 출신인 예레미야는 신흥 바벨론 제국이 일어나 남왕국 유다를 무너뜨리고 그 백성을 포로로 끌고 가는 모든 과정을 경험했다. 왕국의 멸망이 눈앞에 닥쳐왔음에도 불구하고, 당시 국록을 먹던 거짓 예언자들은 '만사가 잘 되고 아무 문제가 없을 것'이라는 예언을 했다(6:14, 8:11, 14:13, 23:17). 거짓 예언자들이 평화를 운운하던 때에 예레미야는 평화의 부재를 예언했고, 앞으로 닥칠 대재난은 유다 왕국의 죄에 대한 하나님의 징벌이라고 했다. 특히 하나님의 성전이 세계 모든 민족의 저줏거리가 될 것이라는 연설로 인해 예레미야는 거짓 예언자들과 보수 세력에 의해 역적 죄인으로 몰려 죽임을 당할 뻔했다(26장). 참 예언을 전하다가 매질을 당하고 감옥에 갇히며(37:14~15) 구덩이에 던져지는 등(38:1~13) 예레미야의 삶과 그가 전한 말씀에는 참담함과 슬픔, 아픔이 가득 차 있어서 흔히 예레미야를 '눈물의 예언자', '고난받는 예언자'라고 부른다.

왕국이 멸망한 후에는 애굽으로 망명하는 사람들에 의해 강제로 끌려가 그곳에서 삶을 마감했다. 예레미야의 활동을 돕고 그의 말씀을 받아 기록한 비서 겸 제자 바룩(45:1)이 끝까지 예레미야와 삶을 같이했다.

(3) 예레미야 애가 (Lamentations of Jeremiah)

예레미야 애가는 남왕국 유다가 멸망할 때의 비극적인 상황을 슬퍼하는 다섯 개의 시를 모은 책이다. 이 책은 원래 성문서 중 하나로 자리 잡고 있던 책이었다. 그런데 전통적으로 예레미야를 그 저자로 여겨 왔기에(대하 35:25 등) 우리말 성경에서는 예언서인 예레미야 다음으로 위치 이동을 했고, 책 이름도 애가에서 예레미야 애가로 바뀌었다.

(4) 에스겔 (Ezekiel)

에스겔은 다른 예언자들과는 달리 이방 땅 그것도 바벨론의 그발 강가에서 예언자로 소명을 받은 후, 그곳에서 22년 동안 활동한 포로기의 예언자다. 유다 왕국의 멸망이 현실로 다가왔을 때 에스겔은 희망의 말씀을 선포함으로써, 나라를 잃고 바벨론 포로가 되어 큰 실의에 빠진 백성들에게 새 출발을 할 수 있는 힘과 용기를 주었다.

에스겔이 전한 희망의 메시지 중에 가장 유명한 말씀은 마른 뼈 골짜기의 환상이다(37장). 마른 뼈들과 눈에 보이지도 않는 생기에게 하나님의 말씀을 대언하자, 에스겔은 죽었던 뼈들이 살아나서 큰 군대를 이루는 모습을 보았다(37:10). 모든 소망이 끊긴 이스라엘의 절망적인 상황에서 하나님께서 다시 회복시켜 주신다는 의미인 것이다.

또한 에스겔은 환상 가운데 첫 번째 성전보다 더 아름다운 성전의 청사진을 보고, 새 예루살렘과 회복된 이스라엘의 아름다운 모습을 구체적으로 확인했다(40~48장).

(5) 다니엘 (Daniel)

전반부는 다니엘(= 벨드사살)과 그의 세 친구인 하나냐(= 사드락), 미사엘(= 메삭), 아사랴(= 아벳느고)가 포로생활에서 겪은 기적적인 이야기로, 핍박과 고난의 상황 속에서도 변절하지 말아야 할 충성스런 신앙을 강조하고 있다. 후반부(7~12장)는 세상 나라들과 하나님 나라에 대해 다니엘이 보았던 여러 환상과 상징들을 묵시문학적으로 보여 주고 있다.

기원전 200~100년은 묵시문학의 전성기라고 할 수 있을 만큼 방대한 양의 묵시문학들이 기록되었는데, 그 중 다니엘서는 마카비 혁명(Maccabean Revolt)이 일어나기 직전, 이스라엘 사람들이 극심한 종교적 탄압을 받고 있던 때(기원전 160년대)에 기록된 대표적인 묵시문학이다.

2) 소예언서

(1) 호세아 (Hosea)

기원전 8세기 북왕국에서 활동한 호세아는 이스라엘이 처한 혼란과 부패를 정치적 아노미 현상으로 보지 않고 이스라엘의 영적인 질병 상태에서 원인을 찾았다. 특히 종교적인 부패, 즉 우상 숭배로 인해 파멸할 것임을 전했다(13장). 이스라엘이 우상 숭배에 빠진 것은 백성에게 '진실'과 '인애' 그리고 '하나님을 아는 지식'이 없기 때문임을 지적했다(4:1). 진실이란 하나님에 대한 변치 않는 신실함을 말하고, 인애란 하나님에 대한 이스라엘의 사랑을 말한다. 마지막 하나님을 아는 지식은 하나님에 대한 절대적인 순종과 충성을 말한다.

(2) 요엘 (Joel)

요엘은 메뚜기로 인한 심한 재해에 대한 소개로 유명하다. 그는 메뚜기 떼로 인한 재난을 하나님의 섭리와 뜻이 있는 심판으로 보았고, 여호와의 날이 임박했음을 선포하며 하나님 앞에 겸손한 마음으로 회개하고 나아갈 것을 촉구했다.

요엘에 나타난 자연세계는 하나님 여호와와 더불어 사는 이상적인 세계의 모습이며, 하나님의 영이 풍성히 임하는 세계다(2:28~29). 요엘이 말하는 이상적인 시기는 원수가 대파되는 우주적 전쟁을 통해 이루어지며, 요엘은 이 전쟁에서 이스라엘의 원수들이 모두 패망할 것으로 보았다(3:11~15).

(3) 아모스 (Amos)

아모스는 모든 문서 예언자 중에서 가장 먼저 활동을 시작한 예언자다. 그는 남왕국 드고아 출신이지만, 북왕국에서 활동했다. 아모스가 활동하던 여로보암 2세 시대는 정치, 경제, 군사적인 면에서 북왕국 이스라엘이 가장 번성했던 시기였다. 그러나 종교, 도덕적인 면에서는 부패와 타락이 극심했다.

가난한 사람들이 착취당하고, 어려운 사람들이 압제를 받으며(2:6~7), 정의가 공평하게 행해지지 않는 상황에서(5:7,11) 아모스는 선을 구하고 사회 정의를 세울 것을 외쳤다(5:14~15,24). 일상생활에서 하나님을 떠난 삶은 아무리 많은 예배와 예물을 동원한다 해도 하나님을 기쁘시게 할 수 없음을 선포했다.

(4) 오바댜 (Obadiah)

포로기에 활동한 오바댜는 이웃 민족인 에돔이 하나님의 심판을 받아 파멸하고 이스라엘은 구원받을 것이라고 외쳤다. 남왕국 유다가 바벨론 군대에 의해 무너질 때에 에돔(에서의 후손)은 바벨론 군대 편에 서서 유다 왕국에 적대적인 행동을 했고, 그 공을 인정받아 옛 유다 왕국의 일부를 배당받기도 했다. 오바댜는 에돔이 벌 받게 된 이유들을 열거하면서, 여호와의 날에 심판을 면하지 못하리라는 한 맺힌 절규를 토해 냈다(1:10~18).

(5) 요나 (Jonah)

요나서의 메시지는 하나님의 사랑과 은총, 구원을 이스라엘만 독점할 수 없다는 사실과 이스라엘의 증오 대상이었던 앗수르까지도 용서하시는 하나님의 모습을 통해 회개의 중요성을 일러 준다. 니느웨 사람들이 구원받은 것에 강한 불만을 표출한 요나에게 하나님은 박넝쿨 교훈을 통해 하나님의 관심은 모든 인간을 향해 있으며 하나님은 모든 민족의 하나님이심을 가르치셨다(4:10~11).

(6) 미가 (Micah)

기원전 8세기의 예언자 미가는 이사야와 달리, 예루살렘과 성전까지도 하나님의 심판에서 예외일 수 없다고 선언했다(3:12). 미가서에는 '남은 자(Remnant)' 사상이 확연히 나타난다(4:7, 5:3). 남은 자란 구약성경 전반에 걸쳐 등장하는 중요 사상으로, 혼돈과 멸망의 시기에도 하나님이 구원하시는 소수의 의인들을 말한다. 특히 미가는 백성을 하나로 통일하고 평화를 가져올 위대한 통치자가 베들레헴에서 나올 것을 예언했다(5:2~5).

(7) 나훔 (Nahum)

남왕국 유다가 멸망하기 직전인 기원전 7세기에 활동한 나훔은 앗수르의 멸망을 예언했다. 앗수르의 수도 니느웨가 바벨론과 메대의 연합군에 함락되었을 때, 나훔은 이것을 하나님의 심판으로 보았다(3:18~19).

나훔에 나타난 하나님은 불의와 강포, 죄악을 심판하고 보복하시는 하나님이다. 보복의 대상은 하나님을 거스르는 사람들과 악을 꾀하며 대적하는 죄인들이다(1:2~3). 나훔은 하나님께서 앗수르가 행한 그대로 앗수르에게 보복하실 것이고(1:11~13), 교만한 압제자를 반드시 쳐부수실 것이라고 외쳤다(3:3~5).

(8) 하박국 (Habakkuk)

기원전 605년 애굽과 바벨론과의 갈그미스 전투에서 바벨론의 느부갓네살이 승리하자, 국제 정세는 한치 앞을 가늠하기 어려울 정도로 급변했다. 이러한 배경 속에서 하박국은 '왜 하나님은 침묵하시는가?', '왜 하나님은 악한 세력을 하나님의 도구로 사용하시는가?'라는 신정론의 문제를 제기했다. 이에 대해 하나님은 '의인은 그의 믿음으로 산다'고 응답하셨다(2:3~4). 인간사가 제멋대로이고 무의미한 것처럼 보이지만, 역사를 주관하시고 자신의 뜻을 펴가시는 하나님이 계시기에 하나님의 백성은 실망하지 말아야 한다는 것이다. 하박국은 구약성경에서 가장 아름다운 찬양시를 통해 하나님을 이스라엘의 구원자로 찬양했다(3:17~19).

(9) 스바냐 (Zephaniah)

자신을 히스기야의 후손으로 소개하는(1:1) 스바냐는 유다 왕국의 요시야 왕 때 활동했다. 스스로 히스기야의 후손임을 강조한 이유는 스바냐가 활동하던 시대에 요시야의 종교 개혁이 있었기 때문이다. 요시야의 종교 개혁이 있기 전, 악한 왕이었던 므낫세와 아몬으로 인해 유다의 종교는 순수성을 잃고 혼합종교로 전락해 가고 있었다. 이런 시대에 예언자 스바냐는 하나님이 심판하시는 '여호와의 날'이 가까웠음을 선포했다.

(10) 학개 (Haggai)

학개는 포로기 이후의 난관을 성전 중심으로 극복할 것을 외친 예언자다. 스룹바벨을 따라 가나안으로 귀향한 유다인들이 성전 재건보다는 자기 집 마련을 위해 노력하고 있을 때(1:4), 하나님의 성전을 짓지 않는 것을 죄로 간주하면서 거기에 대한 벌로 하나님께서 자연 재해와 경제적인 어려움을 주셨다고 선포했다. 산에 올라가 나무를 가져다가 성전을 지으라는(1:8) 학개의 메시지에 힘을 얻은 스룹바벨과 대제사장 여호수아(=예수아)는 성전 재건 작업에 착수했다(1:14).

(11) 스가랴 (Zechariah)

학개와 같은 시대에 활동한 스가랴는 하나님 앞에 회개해야 함을 강조하고, 성전 재건을 촉구했다(1:16~17, 4:6~9, 5:11, 6:12~13). 특히 포로기 이후 유대인들이 중요한 종교생활로 여겼던 금식에 대해 금식 규례를 지키는 것보다 하나님의 의, 윤리적 요구에 순종하는 것이 더 중요함을 전파했다. 아무리 금식을 철저히 해도 하나님을 향한 믿음이 결여된 형식적인 종교생활은 기만에 불과함을 지적했다. 그러면서 하나님의 말씀을 따라 진실, 인애, 긍휼을 베푸는 생활을 할 때 하나님이 성실과 정의로 그들의 하나님이 되어주실 것임을 전파했다(8:18~19).

(12) 말라기 (Malachi)

마지막 소예언서이자 구약성경의 마지막 책인 말라기는 기원전 515년 제2 성전이 재건되어 다시 성전이 이스라엘 신앙의 구심점이 된 이후, 이스라엘 공동체의 종교생활에 대한 메시지를 담고 있다.

포로에서 돌아와 성전을 재건한 이스라엘은 또다시 사회적, 종교적으로 부패하는 모습을 보이기 시작했다. 사회적으로는 옳고 그름의 판단이 혼돈해지고 이혼과 잡혼이 성행했으며(2:11,16), 종교적으로는 정의의 하나님을 인정하지 않고(2:17, 3:15), 유일한 지도계층인 제사장들마저 부패한 실정이었다(1:6~2:9). 이러한 풍조의 위험성을 직시한 말라기는 만연한 부패를 질책하면서 엄격한 윤리를 강조했다.

신약 개론

1. 하나님의 말씀

성서는 살아 계신 하나님의 말씀이다. '살아 계신 하나님의 말씀'이라는 표현에는 여러 뜻이 있지만, 특별히 세 가지로 요약할 수 있다.

첫째, 성서의 말씀은 하나님이 주신 말씀으로 우리에게 언제나 그 명령대로 살도록 요청하시는 말씀이다. 그래서 선포된 순간 우리는 그 말씀이 내 삶에서 현실이 되도록 살아야 한다.

둘째, 말씀에 담긴 의미는 무한하다. 왜냐하면 무한하신 하나님의 말씀이기 때문이다. 그분의 무한하신 뜻을 듣고 알기 위해서는 끊임없이 노력해야 한다. 우리의 삶은 성서 속의 옛 삶보다 훨씬 더 다양하다. 이 다양한 삶의 해답을 성서 속에서 문자 그대로 찾을 수는 없다. 말씀을 깊이 묵상하면서 말씀을 통해 하나님이 무엇을 명령하고 계신지 그 뜻을 찾아내야 한다. 그러하기에 하나님의 말씀은 무한한 의미를 갖는다. 그 무한한 의미를 찾는 것이 바로 신앙생활이다.

셋째, 성서의 말씀은 언제나 새로운 말씀이다. 성서의 말씀은 수천 년 전 그

때에 하신 말씀으로 끝난 것이 아니다. 그때의 하나님께서 지금도 살아 계셔서 이 순간에도 우리에게 자신의 뜻을 전하며 명령하고 계신다. 그러므로 현재의 우리에게는 과거의 말씀이 아닌 언제나 새로운 말씀이다.

이 세 가지의 의미는 하나님의 감동으로 된 성서(딤후 3:16)를 우리 마음대로 해석할 수 없다는 사실을 말해 준다. 하나님의 말씀을 내가 읽고 싶은 대로 읽고 해석해서는 안 된다는 것이다. 성서를 읽을 때, 주체는 읽는 자가 아니라 '말씀하시는 하나님'이시다.

2. 문헌의 성격

구약성서가 하나님과 그의 백성과의 약속을 보여 주는 책인 반면 신약성서는 이 약속의 성취, 즉 완성을 보여 준다. 이 두 권의 경전은 우리가 현재 가지고 있는 형태대로 처음부터 두 권으로 묶였던 것이 아니다. 여러 시기와 많은 단계를 거쳐 현재의 형태로 되기 전까지 성서는 각각 다른 독립된 문헌들이었다.

신약성서는 총 27권의 문헌으로 되어 있다. 각각의 문헌들은 저자뿐 아니라 형태와 기록 시기, 기록 장소가 모두 다르다.

신약성서는 크게 네 부분으로 나눌 수 있다. 첫째는 예수님의 역사적 삶과 그 의미를 기록한 복음서들이고, 둘째는 제자들의 선교 역사를 기록해 놓은 사도행전이다. 그리고 셋째는 예수님을 그리스도(구원자)로 믿는 제자들이 공동체에 보낸 서신들이며, 넷째는 역사의 끝(종말)에 관해 말하고 있는 요한계시록이다. 신약성서는 복음서들 다음에 서신들 그리고 계시록의 순서로 되어 있으나, 먼저 쓰인 순서대로 배열한 것은 아니다. 가장 먼저 기록된 문헌은 사도 바울의 서신들이다.

3. 예수님의 가르침

복음서들에는 예수님의 말씀과 활동이 다양하게 기록돼 있는데, 그 모든 말씀과 활동을 하나로 요약할 수 있다. 그것은 바로 '하나님의 통치를 정립하는 것'이었다. 예수님은 하나님이 통치하시고 하나님의 주권이 수립되어 약한 자, 억울한 자, 소외된 자들이 사라지고 병든 자들이 치유되는 나라, 즉 '하나님 나라'를 세우시기 위해 그 나라의 모습을 몸소 보여 주시며 사시다가 십자가에 돌아가셨다.

"요한이 잡힌 후 예수께서 갈릴리에 오셔서 하나님의 복음을 전파하여 이르시되 때가 찼고 하나님의 나라가 가까이 왔으니 회개하고 복음을 믿으라(막 1:14~15)."

마가복음에서 처음으로 하신 예수님의 말씀이라고 전하는 이 선언은 마가복음 저자가 가장 중요하게 여기는 것으로, 예수님의 전 생애를 요약한 말이라고 볼 수 있다. 마가복음은 예수님의 전 생애와 활동을 이렇게 '하나님 나라'로 요약한다.

마태복음도 마찬가지다. 마태복음의 산상설교(5~7장) 역시 하나님 나라와 관련돼 있다. 산상설교가 지향하는 방향성이 바로 '하나님 나라'이며, 산상설교를 통해 예수님이 전하신 말씀은 '하나님 나라'의 모습을 잘 보여 주고 있다. 산상설교는 축복 선언으로 시작한다. 축복의 대상은 '심령이 가난한 자', '애통하는 자', '온유한 자', '의에 주리고 목마른 자', '긍휼히 여기는 자', '마음이 청결한 자', '화평하게 하는 자', '의를 위하여 박해를 받는 자'들이다. 그리고 예수님 때문에 '욕먹고 박해받고 악한 말을 듣는 자들'은 복이 있다고 선언하신다. 이들은 모두 마지막 때의 구원에 초대된다.

'하나님 나라'에 들어가기 위한 조건은 유대교가 요구하는 율법 준수나 도덕적 선행 등이 아니다. 예수님의 축복 선언은 어떤 형태의 고통이든 간에 힘들어하고 있는 이들의 삶의 정황을 하나님의 통치 아래로 옮겨 놓으면서 하나님이 계시지 않는 것처럼 보일지라도 하나님께서 현재의 삶을 간섭하고 계신다는 선언이다.

이 말씀은 간혹 미래에 받을 복을 위해 현재는 참고 넘어가라는 뜻으로 오해를 일으킨다. 그러나 이는 다가오는 미래를 위해 참으면서 세상에 순응하라는 소극적인 의미의 말씀이 아니다. 이 말씀은, 현실을 직시하며 그리스도의 말씀에 귀 기울이는 사람들에게 고통 속에 묶여 있는 자기 자신을 발견하고 새로운 삶을 향해 나아갈 수 있는 능력을 부여받게 한다. 즉 지금 가난하지만 가난이라는 억압에 짓눌리지 않는 새로운 삶의 가능성이 말씀을 통해 그들에게 열린다.

이러한 선언의 배후에는 예수님의 전권 의식이 들어 있다. 예수님은 지속적으로 '너희들은 이렇게 들었지만, 나는 이렇게 말한다'라는 대립어를 제시하신다. 율법을 잘 지켰다고 자랑할 수도 없고 못 지킨 자들을 비난할 수도 없다. 인간은 그 누구라도 자신이 이룬 업적이나 선한 행동을 가지고 하나님 앞에서 당당할 수 없다. 하나님은 순수하고 온전한 인간 자체를 원하신다.

예수님은 자선이나 기도, 금식 등의 행위를 할 때 남에게 보이기 위한 자랑거리나 위선으로 하지 말고 오로지 순수한 마음으로 하나님을 향할 것을 요구하신다(마 6:1~18). 주기도문에서 바로 이 사실을 말씀하시며 위선적인 신앙생활을 강하게 지적하신다. 하나님의 뜻이 하늘과 땅에서 이루어지는 것이 바로 예수님이 원하시는 것이며 우리에게 촉구하시는 말씀이다. 그 나라에서는 일상의 어려움이 말씀 안에서 극복된다. 수고하고 무거운 짐 진 자들이 모두 예수님의 말씀 안에서 해방되는 자유를 갖는다.

예수님은 축복을 선언하신 후, 그 다음에 율법으로는 도달할 수 없는 무한한 사랑과 용서를 요청하신다. 이 요청은 인간이 하나님의 사랑과 용서를 경험한 후 갖게 되는 은사다. 하나님이 먼저 사랑하시고 먼저 용서하셨기에, 그분의 사랑과 용서를 경험한 사람들에게도 그렇게 살 수 있는 가능성이 열렸다. 이런 까닭에 하나님 나라는 하나님께서 먼저 행하신 그 선행 행위에 근거를 둔다. 산상설교에서 제일 먼저 축복을 선언하신 것은, 예수님이 하나님의 통치를 새롭게 해석하시며 하나님의 뜻이 모든 행위의 근거가 되어야 함을 선언하신 것이다.

인간은 의롭지 않다. 그래서 하나님의 용서와 함께 의롭다는 선언이 필요하다. 인간의 인내는 언제나 부족하다. 반면 하나님의 용서와 사랑에는 한계가 없다. 한계 없는 하나님의 무한한 사랑 안에 있을 때, 우리 역시 무한한 사랑을 할 수 있는 능력을 얻는다.

4. 사도 바울의 가르침

사도 바울은 자신의 가르침에 반대하는 사람들이 빌립보 공동체를 어지럽히려고 하자, 그들의 오만함을 지적하며 자신의 정체성에 대해 다음과 같이 말한다. 자신의 자랑스럽던 과거를 되돌아본 그는 "무엇이든지 내게 유익하던 것을 내가 그리스도를 위하여 다 해로 여길뿐더러 또한 모든 것을 해로 여김은 내 주 그리스도 예수를 아는 지식이 가장 고상하기 때문이라 내가 그를 위하여 모든 것을 잃어버리고 배설물로 여김은 그리스도를 얻고 그 안에서 발견되려 함이니(빌 3:7~9)."라고 고백한다. 자신의 삶 전체를 그리스도 예수를 위한 삶으로 이해한 바울은 복음을 위해서 모든 것을 참고 "내가 복음을 전할지라도 자랑할 것이 없음은 내가 부득불 할 일임이라 만일 복음을 전하지 아니하면 내게 화가 있을 것이로다(고전 9:16)."라고 고백한다.

그리스도를 믿는다는 것은 세상의 것들을 포기한다는 것이다. 이 말은 예수님의 "가이사의 것은 가이사에게, 하나님의 것은 하나님께 바치라(막 12:17)."고 하신 말씀을 연상시킨다. 두 주인을 섬길 수 없듯이, 예수 그리스도를 주님으로 고백하는 사람들은 그리스도 이외에는 그 어떤 것에도 가치를 둘 수 없다는 사실을 선언하고 있다.

이러한 고백은 사도 바울의 거의 모든 서신에서 나타난다. '오직 예수'만이 구원이 되신다. 그 외의 다른 복음은 없다.

사도 바울은 유대인들에게 걸림돌이었던 십자가가 믿는 자들에게는 '하나님의 능력과 지혜'가 된다는 사실을 깨달았다(고전 1:18~25). '나무에 달린 자는 저주받은 자'라는 유대교식 사고가 '저주받은 자가 곧 구원자'라는 사고로 전환됨과 동시에 예수 그리스도로 인해 새로운 세계가 열린 것이다. 드디어 메시아의 시대와 기대하던 종말이 시작되었다. 그래서 사도 바울은 "보라 지금은 은혜 받을 만한 때요 보라 지금은 구원의 날이로다(고후 6:2)."라고 외친다. 그리고 "누구든지 그리스도 안에 있으면 새로운 피조물이라 이전 것은 지나갔으니 보라 새 것이 되었도다(고후 5:17)."라고 선언한다.

사도 바울에게 있어서 믿는 자는 죄에서 자유롭게 된 자다. 하지만 그는 늘 일상의 유혹에 노출되어 있다. 그래서 "내가 원하는 바 선은 행하지 아니하고 도리어 원하지 아니하는 바 악을 행하는도다(롬 7:19)."라며 "오호라 나는 곤고한 사람이로다 이 사망의 몸에서 누가 나를 건져내랴 우리 주 예수 그리스도로 말미암아 하나님께 감사하리로다(롬 7:24~25)."라고 고백한다. 죽을 수밖에 없는 인간을 구원해 주실 이는 그리스도 예수뿐이라는 고백이다. 예수 그리스도의 사건은 하나님의 사랑의 사건이며, 의롭다 하심의 사건이자 구원의 사건이며, 세상과 화해하신 구속의 사건임을 바울은 가르쳐 주고 있다.

5. 요한복음의 영적 신비

요한복음의 전반부와 후반부는 예수님의 공생애에 대한 기록과 제자들과의 이별 이야기로 확연하게 구분된다. 1장 1절부터 18절까지는 '로고스 찬가'라고 불리는데, 예수님의 존재의 의미를 종합해서 요약해 놓았다. 예수님은 태초부터 하나님과 함께 계셨고 하나님의 창조 역사에 함께하셨으며 빛이시며 생명 자체이시다. 예수님이 세상에 오셨지만 어둠인 세상은 빛이신 그분을 알아보지 못했다. 말씀이 육신이 되어 오셨으나 자신의 백성이 환영하지 않았다. 그러나 믿는 자에게는 자녀가 되도록 해 주셨으며, 지금도 우리 가운데 거하신다(1:14).

이 찬가의 요지는 예수 그리스도는 육신이 되신 하나님이시며, 그분은 우리 인간들에게 생명이고 빛이시라는 사실이다. 이 대전제가 요한복음 전체에 강조되어 있다. 계시자인 그리스도는 모르는 것을 알게 해 주시기에 빛이 되시고 그 빛은 곧 생명이라고 말한다. 예수님은 '알게 해 주시는 계시자'라는 주제가 강조되어 나타나기 때문에 이와 대조적으로 인간의 무지가 강조된다. 그래서 '안다'와 '모른다', '본다'와 '보지 못함'과 같은 대조어가 자주 등장한다. '안다'와 '본다'라는 개념은 '빛'이라는 주제어와 강하게 결부돼 있다. 다른 복음서에는 없는 '날 때부터 맹인인 자에 대한 치유'도 '보게 해 주시는 빛' 되신 그리스도의 모습을 잘 드러내고 있다. 또 예수님은 요한복음 9장에서 정말로 보아야 할 것은 보지 못하면서 본다고 착각하는 바리새인들에게 차라리 모른다고 하면 알게 해 줄 텐데 그들은 스스로 안다고 생각하기에 죄가 그대로 있다고 말씀하신다(요 9:41).

그렇다면 우리가 알아야 하고 보아야 하는 것은 무엇인가? 우리는 그 해답을 요한복음 전체에서 찾을 수 있다.

요한복음 3장에서 예수님은 니고데모에게 '육으로 나는 것'과 '영으로 나는 것'에 대해 말씀하신다. '육으로 나는 것'은 현 존재의 육체성이며 비본래적인 것이고, '영으로 나는 것'은 본래적이며 본질적인 것이다. 따라서 영에 속한다는 것은 본질적인 삶을 사는 것을 의미한다. 본질적인 삶이란 하나님께서 만드신 그 뜻에 합당하게 사는 것을 말한다. 즉 하나님의 통치 권력에 자신을 맡기는 하나님 나라, 즉 하나님께 소속되고 하나님의 지배권 안에 들어감을 의미한다. 그리스도를 믿는다는 것은 거듭남을 의미하며, 거듭남이란 눈에 보이는 현상의 세계가 전부가 아니라는 사실을 깨닫는 것이다. 우리가 사는 일상의 삶에서 절대적 가치가 있다고 생각하는 것들은 실상 물질적인 것에 불과하다.

그러나 인간은 물질 이상이다. 육체 이상이다. 그래서 바울은 고린도후서 5장 16절에서 "우리가 이제부터는 어떤 사람도 육신을 따라 알지 아니하노라 비록 우리가 그리스도도 육신을 따라 알았으나 이제부터는 그같이 알지 아니하노라."고 고백한다.

육적인 옛 존재란, 세상의 모든 것을 자신을 이롭게 하기 위해 존재하는 것으로 여기는 자기중심적 세계관을 말한다. 그리고 '그리스도 안에 있다'는 말은 육적·물질적 세계관을 극복하고 그 너머에 있는 본질의 세계를 향해 자신을 여는 것이다. 육적 세계에서 벗어나 새 피조물이 되는 것은 '나 중심'에서 '그리스도 중심'으로 중심축이 이동하는 것을 의미한다. 그것은 이기적인 나를 극복하고 하나님을 향해 마음을 여는 것이며, 하나님을 향해 마음을 열 때 비로소 자신에 대한 집착에서 벗어날 수 있다. 그리고 그때 하나님의 사랑으로 충만한 신비의 세계를 경험할 수 있다.

이런 의미에서 그리스도를 믿는다는 것은 눈에 보이는 세계에 숨겨져 있는 본질의 세계를 찾아내는 것이다. 하나님은 우리에게 더 고차원적인 것을 가르치신다. 지금까지 알고 있던 세상의 기준과 틀을 깰 때 비로소 다른 세계가 열린다. 그것은 빛이신 그리스도를 통해 가능하다. 하나님 말씀에 귀 기울이는 순간, 우리는 내면 깊은 곳에서 육적 사고 너머에 존재하는 신비한 세상을 보게 된다.

그래서 예수님은 제자들과 이별하는 자리에서 새로운 계명을 주신다. 예수님의 사랑을 대신할 보혜사를 약속하신다. 예수님은 진리의 영, 보혜사에 대해 "보혜사 곧 아버지께서 내 이름으로 보내실 성령 그가 너희에게 모든 것을 가르치고 내가 너희에게 말한 모든 것을 생각나게 하리라(요 14:26)."고 말씀하신다. 이것이 바로 요한복음을 통해 우리에게 알려 주시는 영적 신비의 세계다.

6. 믿음의 길

예수님은 이 세상을 하나님의 뜻이 성취되는 세상으로 바꾸시기 위해, 말씀으로 가르치시고 치유하시고 사탄을 쫓아내며 고통받는 자들을 축복하셨다. 억압의 질곡에 묶여 있는 자들을 자유롭게 하시며 해방시키고자 애쓰셨다. 예수님의 삶은 오로지 '하나님 나라'를 살아내는 삶이었다. 그 나라는 고통은 사라지고 아픈 것은 치유되며 배고픈 자들은 먹게 되는 나라다. 예수님이 오천 명을 먹이신 사건은 단순히 적은 것으로도 많은 사람들이 먹을 수 있다는 사회적 평등과 나눔에 관한 이야기가 아니다.

갖은 오해와 고난을 감내하신 예수님은 다시 오신다는 약속과 함께 보혜사 성령을 약속하셨다. 그리고 십자가에서 돌아가신 후 3일 만에 부활하셨다. 예수님을 그리스도로 고백한 제자들은 예수님이 '하나님의 일'을 하셨듯이 그 뜻을 받들어 복음 사역을 지속했다. 그 결과, 교회 공동체가 탄생하는 새로운 역사가 일어났다. 교회가 존재한다는 것은 하나님 나라가 세워졌다는 의미로, 이 땅에 하나님 나라가 있다는 것은 기적과 같다. 다시 말해 교회의 존재 자체가 기적이다.

예수님은 돌아가시기 전 제자들에게 '서로 사랑하라'는 새 계명을 주셨다(요 13:34). 서로 사랑할 때 예수님의 제자라는 사실을 깨닫게 되기 때문이다. 그 사랑은 인간적인 차원의 사랑이 아니다. 우리가 소유한 무언가를 주는 것이 아니라 나 자신을 주는 것이 '진정으로' 주는 것이며, 그것이 진짜 사랑이다. 그래서 예수님은 "그 날에는 내가 아버지 안에, 너희가 내 안에, 내가 너희 안에 있는 것을 너희가 알리라(요 14:20)."고 말씀하신다.

하나님의 사랑은 계시자를 통해서만 볼 수 있고 알 수 있고 만날 수 있다. 그래서 그리스도를 얻기 위해 사도 바울은 모든 것을 배설물로 여겼다고 말하며, 예수님의 흔적을 지닌 자로 세상에 대하여 그리스도와 함께 죽고 하나님께 대하여 매일 부활한다고 고백한다.

우리는 성서의 영적 세계를 모두 안다고 말할 수 없다. 하지만 그리스도께서 함께하시면 알 수 있는 가능성이 열린다. 왜냐하면 그분이 알게 하시고 보게 하시며 그렇게 살 수 있도록 능력을 주시기 때문이다. 그래서 사도 바울은 "내게 능력 주시는 자 안에서 내가 모든 것을 할 수 있느니라(빌 4:13)."고 말할 수 있었다.

성서의 영적 세계는 보려 한다고 해서 볼 수 있는 것이 아니다. 보게 해 주시는 자에 의해서만 볼 수 있는 신비의 세계다. 이 신비에 대해 우리는 경외감을 가져야 한다. 그것이 바로 하나님께 순종하는 자세다.

교리와 장정

1. 장정을 알아야 하는 이유

국가는 그 나라의 헌법과 법률에 따라 운영된다. 이를 법치주의 국가라 한다. 헌법과 법률을 알고 지켜야 하는 것은 국민의 책임이다. 교회에도 헌법과 법이 있다. 교회 법의 목적은 징벌과 징계가 아니라 교회 제도와 규칙을 잘 지켜 교회의 성장을 이루기 위한 것이다. 특히 우리가 믿는 교리가 무엇인지 분명히 밝히고, 효율적인 정책과 행정을 돕기 위한 공동체의 규정과 규칙이다.

감리회 '교리와 장정'의 기본 체제는 의회제도에 기초한 감독제다. 감독제는 감독이 중심이 되는 중앙집권제다. 감리회 헌법은 기독교대한감리회의 신앙과 교리, 조직과 제도, 입법, 사법, 행정의 기본을 법으로 제정하여 감리회의 신앙과 전통을 보존하며 교회의 질서를 유지하고 교회가 부흥하고 성장하게 함을 목적으로 한다.

따라서 감리회 교인들, 특히 임원들은 『교리와 장정』을 공부하고 이를 지켜야 한다. 『교리와 장정』의 내용이 너무 광범위하여 전부 언급할 수는 없다. 『교리와 장정』의 제1편 역사와 교리에서 역사적인 부분은 다른 과목에서 언급하므로, 여기에서는 교리에 대한 부분을 다루고 제2편 헌법의 기본 내용과 제3편 조직과 행정법, 제4편 의회법 중 임원들이 꼭 알아야 할 내용만 언급하기로 한다.

2. 교리

1) 신앙과 교리의 유산

기독교대한감리회는 모든 개신교인의 전통적 기독교 신앙을 함께 고백한다. 이 신앙은 하나님의 말씀인 성경에 기초를 두었으며, 기독교의 역사와 전통으로 이어져 왔다. 고대 교회는 성경을 거룩한 정경으로 확정하고, 니케아(325년), 콘스탄티노플(381년), 칼케돈(451년) 신조들과 사도신경을 기독교 신앙의 표준으로 확립했다. 이는 복음의 본질을 선포하고 기독교 교리의 정통성을 보존하려는 교회의 노력이었다.

루터는 중세 가톨릭교회가 인간의 선행으로 의로워질 수 있다고 가르친 것을 비판하면서 오직 믿음으로 의롭다 함을 얻는다고 주장했다. 이러한 루터의 종교 개혁 정신을 이어받은 독일 루터교회가 체계화한 것이 1530년 아우크스부르크 신앙고백이다. 그리고 쯔빙글리와 칼빈이 이끌었던 스위스 개혁교회가 작성한 것이 1563년 하이델베르크 교리문답이다. 영국 성공회는 종교 개혁자들의 신학을 중심으로 1552년 42개조 종교강령, 1563년 39개조 종교강령을 발표했다.

1784년 존 웨슬리는 영국 성공회의 39개조 종교강령을 25개조로 줄여서 '감리회 종교강령'이라는 이름으로 발표했다. 웨슬리는 39개조 중에서 칼빈의 예정론이 들어간 17조, 칼빈의 출교 정신을 반영한 33조, 영국국교로서 영국 성공회가 세속 권세에 복종할 것을 강조하는 37조 등 모두 14개조를 삭제하고 25개조로 감리회의 종교강령을 확정했다.

(1) 종교의 강령

① 제1조 성 삼위일체를 믿음

영생하시고 진실하신 하나님 한 분만 계시니 그는 영원무궁하시고 무형무상하시며 권능과 지혜와 인자하심이 한이 없으시고 유형무형한 만물을 한결같이 창조하시고 보존하시는 분이시다. 이 하나님의 성품의 일체 안에 동일한 본질과 권능과 영생으로 되신 삼위가 계시니 곧 성부와 성자와 성신이시다.

② 제2조 말씀 곧 하나님의 아들이 참 사람이 되심

성자는 곧 참되시고 영원하신 하나님 아버지의 말씀이요, 성부와 동일하신 본질인데 복 받은 동정녀의 태중에서 사람의 성품을 가지셨으므로 순전한 두 성품, 곧 하나님의 성품과 사람의 성품이 나눠지 못하게 일위 안에 합하였다. 그러므로 그는 참으로 하나님이시요, 참으로 사람이신 한 분 그리스도이신데 참으로 고난을 당하시고 십자가에 못 박혀 죽으시고 매장되시어 우리로 하여금 하나님 아버지와 화목하게 하시고 또한 제물이 되시었다. 이는 사람의 원죄만 위할 뿐 아니라 범죄한 것까지 위함이시다.

③ 제3조 그리스도의 부활

그리스도께서 과연 죽은 자 가운데서 다시 일어나시어 완전한 인성이 붙은 모든 것과 육체를 다시 가지시고 천국에 오르시며 마지막 날에 만민을 심판하시려고 재림하실 때까지 거기 앉아 계시다.

④ 제4조 성신

성신은 성부와 성자께로부터 오신 위(位)이신데 그 본질과 위엄과 영광이 성부와 성자와 더불어 동일하시고 참되시고 영원하신 하나님이시다.

⑤ 제5조 성경이 구원에 족함

성경은 구원에 필요한 모든 것을 포함하였으므로 무엇이든지 성경에서 볼 수 없는 것이나 그로 증험하지 못할 것은 아무 사람에게든지 신앙의 조건으로 믿으라고 하거나 구원받기에 필요한 것으로 여기라고 못할 것이다. 성경이라는 것은 구약과 신약의 법전을 가리킴이니 그 말씀의 참됨을 교회에서

의심 없이 아는 것이다. 법전의 모든 책의 이름은 아래와 같다.

창세기, 출애굽기, 레위기, 민수기, 신명기, 여호수아, 사사기, 룻기, 사무엘상, 사무엘하, 열왕기상, 열왕기하, 역대상, 역대하, 에스라, 느헤미야, 에스더, 욥기, 시편, 잠언, 전도서, 아가, 4대선지서, 12소선지서와 보통으로 인증하는 신약의 모든 책을 우리도 법전으로 여긴다.

⑥ 제6조 구약은 신약과 서로 반대되는 것이 없음

대개 신격과 인격이 겸비하여 하나님과 인류 사이에 홀로 하나인 중보가 되신 그리스도께서 영생을 허락하신 것은 신구약에 동일하게 있으므로 옛날 조상들이 잠깐 동안 허락을 바라보았다 하는 사람의 말을 들어 좇을 것이 없다. 하나님께서 모세로 말미암아 주신 바 예법과 의식에 관한 법률은 그리스도인을 속박하지 못하고 또 모세의 민법에 관한 교훈도 어느 나라에서든지 당연히 채용할 필요가 없을 것이나 어떤 그리스도인이든지 도덕이라 일컫는 계명을 순복하지 아니하지 못할 것이다.

⑦ 제7조 원죄

원죄는(펠레지인들의 망령된 말같이) 아담을 따라 죄를 범하는 것이 아니요, 아담의 자손으로는 각 사람의 천연적 성품이 부패한 것을 가르침인데 대개 인류가 근본적 의에서 멀리 떠나 그 성품이 늘 죄악으로 치우치는 것이다.

⑧ 제8조 자유의지

아담이 범죄 한 이후로 인류의 정황이 그와 같이 되어 자기의 본연의 능력과 사업으로서 마음으로 돌이키며 준비하여 신앙에 이르러 하나님을 경모하지 못한다. 그러므로 하나님께서 그리스도로 말미암아 우리에게 주시는 선한 의지를 얻게 하시는 은혜가 아니면 우리가 하나님의 기뻐하시고 받으실 만한 선한 사업을 행할 능력이 없고 선한 의지가 우리에게 있을 때에는 그 은혜가 우리와 함께한다.

⑨ 제9조 사람을 의롭게 하심

하나님 앞에서 우리가 의롭다 하심을 얻은 것은 오직 구주 예수 그리스도의 공로로 인하여 믿음으로 말미암음이요, 우리의 행한 것이나 당연히 얻을 것을 인함이 아니다. 그런즉 우리가 믿음으로만 의롭다 함을 얻는다 하는 것이 가장 유익하고 위로가 넘치는 도리이다.

⑩ 제10조 선행

선행은 비록 믿음의 열매요, 또한 의롭다 하심을 따라 오는 것이로되 능히 우리의 죄를 없이하지 못하며 또한 하나님이 심판하실 때에 위엄하심을 감당하지 못할 것이다. 그러나 선행은 그리스도 안에서 하나님이 받으실 만하고 기뻐하시는 바요, 참되고 활발한 신앙으로 좇아 나오는 것인즉 열매를 보고 그 나무를 아는 것같이 선행을 보고 그 활발한 신앙이 있는 것을 밝히는 것이다.

⑪ 제11조 의무 외의 사업

하나님의 계명 밖에 자원하여 더 행하는 일을 의무 외의 사업이라 하는데 이는 오만하고 불경건한 사람만이 하는 말이니 여기 대하여는 사람들이 말하기를 자기가 하나님께 당연히 할 바를 다하였을 뿐더러 하나님을 위하여 의무가 요구하는 것보다 더 하였다 하나 그리스도께서 여기에 대하여 밝히 말씀하시기를 너희에게 명한 것을 다 행하되 말할 때에 무익한 종이라 하라 하시었다.

⑫ 제12조 의롭다 하심을 얻은 후의 범죄

의롭다 하심을 얻은 후에 고의로 범하는 죄마다 성신을 거역하여 사유하심을 얻지 못할 죄는 아니다. 그러므로 의롭다 함을 얻은 후에 죄에 빠지는 사람에게 회개함을 허락하시는 은혜를 얻지 못한다 할 것이 아니요, 우리가 성신을 받은 후라도 얻은 바 은혜를 배반하고 죄에 빠졌다가 하나님의 은혜로 다시 일어나 우리의 생활을 개정할 수도 있다.

그러므로 세상에 거할 동안에 그들이 죄를 더 범하지 못한다 하는 자들이나 죄를 범한 뒤에 참으로 회개할지라도 사유하심을 얻지 못한다 하는 자들은 정죄하심을 당할 것이다.

⑬ 제13조 교회

유형한 그리스도 교회는 참 믿는 이들의 모인 공회니 그 가운데서 순전한 하나님의 말씀을 전파하며 또 그리스도의 명령하신 것을 따라 성례를 정당히 행한다. 이 모든 필요한 일이 교회를 요구하는 것이다.

⑭ 제14조 연옥

연옥과 사죄와 우상과 유물에 경배하고 존중함과 성인의 이름으로 기도함에 관한 로마교의 도리는 허망하고 위조한 것이다. 성경에 빙거할 수 없을 뿐더러 하나님의 말씀에 반항하는 것이다.

⑮ 제15조 회중에서 해득할 방언을 쓸 것

예배당에서 공중 기도할 때에나 혹 성례를 행할 때에 교우가 알아들을 수 없는 방언을 쓰는 것은 하나님의 말씀과 초대 교회의 규례를 분명히 위반하는 것이다.

⑯ 제16조 성례

그리스도의 설립하신 성례는 그리스도인의 공인하는 표적과 증거가 될 뿐더러 더욱 은혜와 하나님께서 우리에게 향하시는 선한 의지의 확실한 표니 이로 인하여 하나님께서 우리 안에 묵묵히 역사하시어 우리의 신앙이 활동하게 하실 뿐만 아니라 더욱 굳게 하는 것이다. 복음에 우리 주 그리스도의 설립하신 성례가 둘이 있으니 곧 세례와 주의 만찬이다. 견신례와 참회와 신품과 혼인과 도유식들 다섯 가지를 성례라 하나 이는 복음적 성례로 여기지 못할 것이다. 그 가운데 어떤 부분은 사도의 도를 오해하므로 된 것이요, 어떤 부분은 성경에 허락하신 생활의 정형으로 된 것이다. 그러하나 하나님께서 명하신 드러나는 표적과 의식이 없으므로 세례와 주의 만찬과 같은 성질이 없는 것이다. 그리스도의 설립하신 성례는 우리로 하여금 응시나 하든가 휴대하고 다니라는 것이 아니요, 우리로 하여금 적당히 사용하게 하심이다. 그러므로 성례를 합당하게 받는 이에게만 유익한 결과와 효력이 있고 합당치 아니하게 받는 이는 사도 바울이 말씀한 바와 같이 자기에게 정죄함을 받는 것이다.

⑰ **제17조 세례**

세례는 공인하는 표와 그리스도인을 세례받지 아니한 사람과 분별하게 하는 표적이 될 뿐더러 중생 곧 신생의 표가 되는 것이요, 또 어린이에게 세례를 행하는 것도 교회에 보존할 것이다.

⑱ **제18조 주의 만찬**

주의 만찬은 그리스도인들 가운데 당연히 있을 사랑을 표한 것일 뿐만 아니라 그리스도의 죽으심으로 우리를 구속하신 성례이다.

그러므로 옳고 합당하고 믿음으로 받는 이들에게는 떼인 떡을 먹는 것이 곧 그리스도의 몸을 먹는 것이요, 또한 이와 같이 그 복된 잔을 마시는 것도 그리스도의 피를 마시는 것이다. 변체, 곧 주의 만찬의 떡과 포도즙의 물체가 변화한다 함은 성경으로 증거할 수 없을 뿐 아니라 도리어 성경의 명백한 말씀을 거스르며 성례의 본뜻을 그르침이요, 또 이로 인하여 미신이 많이 생긴다.

만찬 때에 그리스도의 몸을 주고받아 먹는 것은 천국적, 신령적 방법으로만 할 것이요, 또 그리스도의 몸을 받아 먹는 방법은 오직 신앙이다. 만찬의 성례를 유치함과 휴대하고 다님과 거양함과 경배함은 그리스도의 명하신 것이 아니다.

⑲ **제19조 떡과 포도즙**

평신도에게 주의 잔 마심을 거절하지 못할 것이다. 대개 그리스도의 규례와 명령대로 주의 만찬에 두 가지를 일반 그리스도교인에 같이 행하는 것이 당연하다.

⑳ **제20조 그리스도께서 십자가에 한 번 제물이 되심**

그리스도께서 한 번 제물로 드리신 것이 온 세계의 모든 죄, 곧 원죄와 범죄를 위하여 완전한 구속과 화목과 보상이 되었은즉 그 밖에 다른 속죄법이 없다. 이러므로「미사」제를 드리며 또 거기에 대하여 보통으로 말하기를 신부가 그리스도를 제물로 드리어 산 이와 죽은 이의 고통과 범죄를 면하게 한다 함은 참람된 광언이요, 위태한 궤계이다.

㉑ 제21조 목사의 혼인

하나님의 법률에 그리스도교의 목사들은 독신생활하기를 맹세하라든가 혼인을 금하라든가 하신 명령이 없다. 그러므로 목사들도 모든 그리스도인과 같이 자기의 뜻에 경건하다고 생각하면 혼인하는 것이 마땅하다.

㉒ 제22조 교회의 예법과 의식

예법과 의식을 각 곳에서 꼭 동일하게 할 필요는 없다. 대개 예법과 의식은 예로부터 같지 아니하였고 또 나라와 각 시대와 각 민족의 풍속을 따라 변할 수 있으나 다만 하나님의 말씀과 틀리게 하지 못할 것이다. 어떠한 사람이든지 자기가 소속한 교회에서 만들어 보통 실행하기로 인정하였고 또 하나님의 말씀과 틀림이 없는 예법과 의식을 사사 주견으로 짐짓 드러나게 파괴하는 이를 책벌하되 교회의 통용하는 법을 반항하는 것과 연약한 형제의 양심을 상하게 한 이도 처벌할 것이다. 이는 다른 사람으로 하여금 두려워하여 그와 같이 하지 못하게 함이다. 교회마다 예법과 의식을 만들기도 하며 고치기도 하고 혹은 폐지하기도 하여 모든 일이 교훈이 되게 할 것이다.

㉓ 제23조 북미 합중국 통치자

대통령과 국회와 각 주 주립 의회와 각 주 지사와 내각은 국민의 대표로 연방 헌법과 각 주 헌법에 의하여 북미 합중국의 통치자들이다. 이 합중국은 주권적 독립국이므로 어떤 외국 치리하에 붙지 아니할 것이다.

㉔ 제24조 그리스도인의 재산

그리스도인의 보물과 재산을 가질 권리와 가질 일에 대하여는 어떤 사람이 허망하게 자랑함과 같이 공통하게 통용할 것이 아니다. 그러나 각 사람은 마땅히 자기의 소유를 가지고 힘대로 가난한 이들에게 너그럽게 구제할 것이다.

㉕ 제25조 그리스도인의 맹세

우리 주 예수 그리스도와 및 그 사도 야고보가 그리스도인이 헛되고 경홀히 맹세하는 것을 금지하신 것을 우리가 공인하거니와 어떤 사람이 관장에게 요구함을 당할 때에 믿음과 사랑으로 인하여 맹세하는 것은 그리스도교 교리에 금지함이 없는 줄로 생각한다. 다만, 선지자의 교훈대로 공의와 주견과 참됨으로 할 것이다.

(2) 감리교 신앙의 강조점

감리교의 신앙 전통은 기독교의 참된 구원의 진리와 성서적 경건을 생활 속에서 실천하는 것을 강조한다. 이것은 하나님의 은혜 안에서 성서적인 구원의 길을 살아가는 것이며, 믿음과 사랑을 통해 성화와 완전으로 나아가는 실천적 제자의 도리를 구체화하는 것이다.

웨슬리는 구원이 하나님의 선행적 은혜, 칭의, 성화로 이루어진다고 보았다. 인간은 하나님의 형상으로 창조되었으며, 충만하고 온전한 구원은 타락한 인간성을 새롭게 하는 것이다. 이러한 하나님의 창조와 새 창조의 경륜은 개인적 성화, 사회적 성화, 그리고 창조의 완성을 포함한다.

① 선행적 은혜

우리는 모든 인간 속에 이미 선행(先行)하는 하나님의 은혜가 있어서 하나님의 구원이 모든 사람에게 열려져 있음을 믿는다. 선행적 은혜는 인간이 하나님을 찾는 구원의 첫 열망과 소원을 일으킨다. 이 선행적 은혜 때문에 웨슬리는 예수 그리스도의 속죄의 은혜가 만민에게 값없이 주어진다고 믿었다. 그러나 선행적 은혜는 구원의 여명이며 준비로서 복음에 의한 회개와 구원의 은혜로 나아가야 한다.

② 칭의와 확증

웨슬리는 종교 개혁자들의 칭의 교리를 구원 이해의 기초로 받아들였다. 이는 하나님께서 우리를 위해 베푸시는 예수 그리스도의 십자가의 공로에 의해 죄를 용서하시고, 회개하는 우리를 의롭다고 여기시는 은혜를 말한다. 오직 믿음으로 말미암아 하나님의 은혜를 받게 되며, 하나님과의 올바른 관계 회복을 의미하는 화해가 이루어진다. 이 관계의 변화는 하나님에 대한 사랑과 신뢰를 통해 새로운 창조를 가져온다. 우리는 회심을 통해 우리가 하나님의 자녀라는 성령의 확증을 얻는다. 이 영적 체험은 하나님의 사랑이 그 주체가 되지만 우리의 응답을 포함한다. 이와 같은 중생과 회심은 지속적인 성화의 과정으로 나아간다.

③ 성화와 완전

회개와 칭의를 통해 죄 사함 받은 우리는 계속해서 성화와 그리스도인의 완전을 목표로 성장하게 된다. 성화의 목표인 완전은 인간의 본래적인 하나님의 형상을 회복하고 완성하는 것이다. 그것은 하나님을 전적으로 사랑하고 이웃을 자신과 같이 사랑하게 되는 의미에서의 완전이다. 또한 완전은 예수 그리스도의 마음과 삶에 우리 자신을 일치시키는 것이다. 하나님께서 성령의 은사로 우리 마음속에 부어 주시는 순결하고 완전한 사랑이 지배하는 곳에 죄와 정욕의 권세는 서서히 정복된다.

성화의 과정에 있는 신자들은 성령의 깨우치심으로 죄에 대해 더욱 예민해지며, 유혹과 시험을 이기는 힘을 얻게 된다. 신자들은 하나님의 성화의 은혜에 응답함으로써 구원의 역사에 동참한다. 성화에 있어서 인간의 능동적 노력과 수고가 필요하지만, 완전에 이르는 것은 하나님의 은사다. 그리스도인의 완전은 인간의 연약함과 한계를 인정하며, 다시 죄로 인한 타락의 가능성을 배제하지 않는 것을 의미한다. 웨슬리는 이 세상에서 순간적인 완전을 인정했지만, 그것은 언제나 소망과 기대를 통해 목표로 남아 있어야 한다고 했다.

④ 믿음과 선행

믿음은 구원의 출발로 하나님의 선물이다. 믿음에서 비롯되며 믿음을 증명하는 선행(善行)은 성화의 과정 안에서 구원의 완성을 위해 작용한다. 선행은 하나님의 은혜에 응답하여 성령의 능력을 통해 맺는 열매들이다. 그 열매들은 궁극적으로 사랑의 완전을 목표로 한다. 결과적으로 그리스도인의 삶은 훈련과 실천을 통해 사랑 안에서 성장하고 성숙한다.

⑤ **은혜의 수단과 교회**

감리교인들은 삶에 있어서 훈련과 성숙을 믿는다. 복음적인 신앙생활은 먼저 하나님의 은혜를 받아들이고 이에 응답하여 성령의 열매를 맺는 교회 공동체의 책임적인 삶이어야 한다. 교회는 그리스도의 몸된 공동체로서 세상과 사회 속에서 하나님의 뜻을 실현하는 사명을 가진다. 성도들의 삶에는 예배를 통한 말씀과 성례전이 있으며, 그리스도의 몸된 교회를 받들어 주는 여러 종류의 은혜의 수단들이 있다. 감리교회의 원래 형태는 경건을 실천하는 속회와 같은 모임들을 통해 사랑의 돌봄과 양육을 목표하는 공동체이다. 거기서 예배와 기도회, 절제와 금욕, 선행과 자비의 행위 등 개인과 사회를 성화시키는 복음적 삶의 훈련이 이루어진다.

⑥ **선교와 봉사**

구원은 개인의 구원뿐만 아니라 역사와 사회를 성화시키는 데까지 이르러야 한다. 개인적 경건은 사회적인 봉사와 참여, 하나님의 나라를 위한 동참의 행위와 균형을 이루어야 한다. 사회를 변화시켜 하나님의 정의를 실현하려는 우리의 노력은 하나님의 다스리심과 그의 은혜에 의존한다. 믿음의 공동체인 교회는 성령의 역사와 능력에 의해 세상을 향한 선교와 봉사를 위해 힘쓴다. 우리는 그 역사에 동참하는 책임을 가진다. 우리는 사랑과 자비의 섬김을 통해 이 세상에서 평화와 정의, 자유와 평등의 실현을 위해 하나님의 동역자로 일해야 한다.

⑦ **세상의 종말과 하나님 나라**

감리교인들은 하나님의 은혜의 역사가 창조의 완성을 목표로 하여 성령 안에서 이루어지고 있음을 믿는다. 하나님의 나라는 예수 그리스도에 의해 이 세상에 선포된 복음의 중심이다. 하나님의 나라는 은혜가 죄를 이기고 인간을 구원하는 경륜이 시작되었음을 말한다. 또한 하나님의 나라는 장래에 영광중에 임하는 예수 그리스도의 재림과 심판, 모든 신자의 몸의 부활, 그리고 영원한 하나님의 다스리심을 가져오는 세상의 종말을 말한다.

성화의 삶은 인간과 사회에서 출발하여 자연과 창조세계 전체에까지 미친다. 하나님의 창조 계획은 결국 만물의 회복과 갱신을 통해 완성될 것이다. 이러한 새 창조의 원동력은 오늘날 죄의 타락의 굴레 아래 신음하고 있는 우주 만물에게 희망을 주며, 우리로 하여금 책임을 가지고 하나님의 총체적 구원의 경륜에 참여하게 한다.

2) 기독교대한감리회 신학을 위한 지침

기독교대한감리회는 진정한 기독교회, 진정한 감리교회, 진정한 한국 교회가 되기 위하여 기독교 신앙의 핵심이 성경에 계시되었고, 전통에 의해 조명되고, 개인적 경험에 의해 살아 움직이게 되며, 이성에 의해 확인된다는 웨슬리의 유산을 계승하여 복음이 한국 문화에 뿌리 내려 열매 맺게 하는 신학을 수립해야 할 것이다.

(1) 성경

한국 감리교인들은 다른 그리스도인들과 함께 성경이 기독교 교리를 위한 가장 중요한 원천이요, 표준임을 믿는다. 성경의 저자들은 성령의 감동하심에 힘입어 예수 그리스도로 말미암아 하나님께서 세상과 화해하게 된 사실을 증언하고 있다. 구약성서 39권과 신약성서 27권으로 되어 있는 우리의 성경은 구원에 필수불가결한 원천이요, 믿음과 실행의 참된 법도와 안내이다. 성경은 우리 믿음의 원천일 뿐만 아니라 모든 믿음에 대한 해석의 진실성과 신빙성을 측정하는 기준이다.

신앙과 신학에 있어서 성경은 최우선적이다. 그리고 전통, 체험, 이성, 토착문화는 성경 연구에 필수적이다. 우리의 신학은 성경 안에 담긴 하나님의 계시와 그 계시의 초점인 예수 그리스도에 대한 증언들을 해석하는 데 여러 유익한 방법들을 수용한다. 우리 신학의 과제는 성경 본문의 축자적 반복이 아니라, 오늘 우리에게 선포되는 하나님의 창조와 구속의 말씀으로 새롭게 해석하는 데 있다.

(2) 전통

성경 연구를 돕고 신앙에 대한 이해를 깊이 있게 하기 위하여 웨슬리는 기독교 전통, 특히 교부들의 신학서들과 초교파적 신조들 그리고 종교 개혁자들의 교훈과 웨슬리 동시대의 영성에 관한 문서들을 참고했다.

전통은 기독교 신앙 공동체들의 모범적 유산이다. 이 전통은 역사적 과정을 통해 다양한 형태로 나타나지만 그 안에 간직된 복음의 진리는 모든 기독교인이 공유하는 것이다. 그러나 전통은 인간의 잘못으로 얼룩지게 되며, 이때 성경은 전통을 판단하는 기준이 된다. 따라서 전통의 비판적 수용은 기독교 신앙의 불변하는 진리와 그것의 사회적, 시대적 의미성 사이의 균형 잡힌 이해를 추구하게 한다. 기독교 전통은 오늘날 전 세계에서 가난한 자들과 소외된 자들을 구원하고 해방하는 복음의 능력이 행사됨으로 더 다양하고 풍요로운 것이 되기 위한 도전을 받고 있다. 그러한 도전이 새로운 전통이 되는 길은 그것의 참됨과 정당함을 성서와 우리 교회의 교리적 입장에 비추어 분별하고 신앙 공동체의 합의를 얻음으로 가능하다.

(3) 체험

기독교 복음의 증언은 성경에 근거를 두고 전통에 의해 전달된다 해도 우리가 그것을 이해하고 체험하기 전에는 아무 효력이 없다. 전통이 교회와 연관된다면, 체험은 개인과 연관된다. 성경에 계시되고 전통에 의해 조명된 복음의 진리는 우리의 생활 속에서 우리 자신들의 것으로 만들어짐으로써 살아 움직이게 된다. 웨슬리는 체험적 신앙을 우리 주 예수 그리스도를 통해 주시는 하나님의 자비에 대한 확실한 신뢰며 성령의 내적 증거와 외적 열매를 통해 주어지는 하나님의 은혜라고 했다.

체험은 개인적이며 동시에 공동체적이다. 우리는 값없이 주시는 하나님의 은혜와 사랑이 모든 피조물에 주어짐을 체험한다. 특히 오늘날 우리는 수많은 사람들의 공포와 기아, 고독과 절망 그리고 잘못된 경제 구조, 핵 시대가 초래한 인류와 생태계의 위기 등에 직면하고 있다. 이러한 체험은 성서적 규범에 비추어 해석되어야 하며 또한 그것은 성경을 새롭게 이해할 수 있는 도구가 될 수도 있다.

(4) 이성

성경을 이해하고 그 메시지를 광범위한 지식의 세계와 연관시키기 위하여 우리의 신학은 이성을 필요로 한다. 웨슬리는 성경적 진리의 증거를 인간의 체험, 곧 중생과 성화의 체험에서 찾았지만, 이와 함께 일상적 삶의 체험과 결부된 상식적인 지식에서도 찾았다. 우리는 하나님의 계시와 은혜를 체험함이 인간의 언어와 이성을 넘어섬을 알고 있지만, 우리의 신학 작업은 이성을 조심스럽게 사용하지 않으면 불가능함을 또한 인정한다. 성경, 전통, 체험으로부터 발전된 기독교 교리는 비판적 이성에 의해 그것의 일관성과 명료성을 획득해야 한다.

계시와 이성, 신앙과 과학, 은총과 자연 사이의 연관성을 식별하려는 신학적 노력은 신앙 공동체를 파괴하는 것이 아니라, 오히려 우리 시대의 사람들이 믿을 수 있고 그들과 의사소통할 수 있는 교리를 형성할 수 있게 한다. 우리의 신학은 기계론적 자연관과 상업주의를 업고 생명을 조작하는 데 동원되는 과학과 기술에 대해서는 단호히 반대하며, 생태학적 생명 이해를 모델로 하는 새로운 과학운동에 대해서는 개방적인 자세로 대화할 과제를 안고 있다.

(5) 토착문화

1930년 12월에 한국에서 남감리교회와 북감리교회가 한국 감리교회로 통합하는 역사적인 자리에서 그 통합을 위한 방침을 제정하는 전권위원들은 한국 감리교회의 성격을 진정한 기독교회, 진정한 감리교회, 진정한 한국 교회라 규정했다. 이에 따르면 한국 감리교회는 '진보적이므로 생명이 있는 이의 특색을 가졌으니 곧 그 시대와 지방을 따라 자라기도 하며 변하기도 할 것'이라고 말한다. 그리고 한국적 교회가 되게 하자는 것은 '교회생활 중에 무엇이든지 한국에서 된 것이 아니면 내버린다는 협소한 말이 아니라' 도리어 '고금을 통해 전래한 바를 감사한 마음으로 받아서 예배에나 행정에나 규칙에 잘 이용하되 한국 문화와 풍속과 습관에 조화되게 하고자 하는 것'을 말하고 있다.

한국 감리교회가 진정한 한국 교회가 되도록 하는 데 있어서 성경, 전통, 체험, 이성과 더불어 한국의 문화를 중시하는 신학의 수립이 절실하게 요청된다. 이는 진정으로 복음적이며 한국적인 찬송가를 짓는 과제를 비롯하여 한국 감리교회의 예배, 신조, 영성, 선교와 같은 구체적인 신앙생활의 전 영역에서 복음이 한국인들의 문화와 심성에 뿌리 내려 열매 맺게 함을 말한다. 한국 감리교회는 21세기 아시아와 세계 선교의 주역으로서 예수 그리스도의 복음을 증언해야 할 사명을 가지고 있다. 따라서 한국 감리교 신학은 그리스도의 우주적 복음이 한국의 역사와 문화에 뿌리 내려 열매 맺어 온 과정을 성령의 인도하심을 따라 세계 교회와 세계 신학이 공유하게 하는 과제를 안고 있다.

3) 우리의 신앙고백

감리회는 1930년 제1회 총회에서 감리회의 '교리적 선언'을 채택하여 오늘에 이르기까지 우리의 신앙을 고백하여 왔다. 그동안 이 '교리적 선언'은 한국 감리교인들뿐만 아니라 미 연합감리교회에서도 애용되어 왔다. 이러한 '교리적 선언'은 앞으로도 감리회의 역사적 선언으로서 계속될 것이다.

그러나 67년이 지난 오늘 우리는 21세기를 맞이하면서 삶의 변화하는 환경 속에서 새로운 신앙고백의 필요성을 느끼게 된다. 그리하여 다음과 같은

'감리회 신앙고백'을 제정하여 우리의 신앙을 고백하는 바이다.

(1) 교리적 선언(1930년)

그리스도 교회의 근본적 원리가 시대를 따라 여러 가지 형식으로 교회 역사적 신조에 표명되었고 웨슬리 선생의 「종교강령」과 「설교집」과 「신약주석」에 해석되었다. 이 복음적 신앙은 우리의 기업이요, 영광스러운 소유이다.

우리 교회의 회원이 되어 우리와 단합하고자 하는 사람들에게 아무 교리적 시험을 강요하지 않는다. 우리의 중요한 요구는 예수 그리스도께 충성함과 그를 따르려고 결심하는 것이다. 웨슬리 선생이 연합신도회 총칙에 요구한 바와 같이 우리의 입회조건은 신학적보다 도덕적이요, 신령적이다. 누구든지 그의 품격과 행위가 참된 경건과 부합되기만 하면 개인 신자의 충분한 신앙자유를 옳게 인정한다. 동시에 우리가 확실히 믿어오는 교리를 아래와 같이 선언한다.

① 우리는 만물의 창조자시요 섭리자시며 온 인류의 아버지시요 모든 선과 미와 애와 진의 근원이 되시는 오직 하나이신 하나님을 믿으며

② 우리는 하나님이 육신으로 나타나사 우리의 스승이 되시고 모범이 되시며 대속자가 되시고 구세주가 되시는 예수 그리스도를 믿으며

③ 우리는 하나님이 우리와 같이 계시사 우리의 지도와 위안과 힘이 되시는 성신을 믿으며

④ 우리는 사랑과 기도의 생활을 믿으며 죄를 용서하심과 모든 요구에 넉넉하신 은혜를 믿으며

⑤ 우리는 구약과 신약에 있는 하나님의 말씀이 신앙과 실행의 충분한 표준이 됨을 믿으며

⑥ 우리는 살아 계신 주 안에서 하나이 된 모든 사람들이 예배와 봉사를 목적하여 단결한 교회를 믿으며

⑦ 우리는 하나님의 뜻이 실현된 인류 사회가 천국임을 믿으며 하나님 아

버지 앞에 모든 사람이 형제 됨을 믿으며

⑧ 우리는 의의 최후 승리와 영생을 믿노라. 아멘.

생명과 자유와 기쁨과 능력이 되는 복음을 모든 사람에게 선전함이 우리 교회의 신성한 천직인 줄 알고 그 사업에 봉헌함.(이 교리적 선언 8조는 각 예배당에서 예배시에 매월 일차 이상 낭독할 것.) (제2회 총회에서 규정)

(2) 감리회 신앙고백(1997년)

① 우리는 우주 만물을 창조하시고 섭리하시며 주관하시는 거룩하시고 자비하시며 오직 한 분이신 아버지 하나님을 믿습니다.

② 우리는 말씀이 육신이 되어 우리 가운데 오셔서 하나님의 나라를 선포하시고 십자가에 달려 죽으셨다가 부활승천 하심으로 대속자가 되시고 구세주가 되시는 예수 그리스도를 믿습니다.

③ 우리는 우리와 함께 계셔서 우리를 거듭나게 하시고 거룩하게 하시며 완전하게 하시며 위안과 힘이 되시는 성령을 믿습니다.

④ 우리는 성령의 감동으로 기록된 하나님의 말씀인 성경이 구원에 이르는 도리와 신앙생활에 충분한 표준이 됨을 믿습니다.

⑤ 우리는 하나님의 은혜로 믿음을 통해 죄사함을 받아 거룩해지며 하나님의 구원의 역사에 동참하도록 부름 받음을 믿습니다.

⑥ 우리는 예배와 친교, 교육과 봉사, 전도와 선교를 위해 하나가 된 그리스도의 몸인 교회를 믿습니다.

⑦ 우리는 만민에게 복음을 전파함으로 하나님의 정의와 사랑을 나누고 평화의 세계를 이루는 모든 사람들이 하나님 앞에 형제 됨을 믿습니다.

⑧ 우리는 예수 그리스도의 재림과 심판, 우리 몸의 부활과 영생 그리고 의의 최후 승리와 영원한 하나님 나라를 믿습니다. 아멘.

4) 사회신경

(1) 사회신경(1930년)

인류는 겨레와 나라의 차별이 없이 천지의 주재시며 오직 하나이신 하나님의 같은 자녀임을 믿으며 인류는 형제주의 아래에서 이 사회를 기독주의의 이상사회로 만듦이 우리 교회의 급무로 믿어 우리는 아래와 같은 사회신경을 선언하노라.

① 인종의 동등 권리와 동등 기회를 믿음.

② 인종과 국적의 차별 철폐를 믿음.

③ 가정생활의 원만을 위하여 일부일처주의의 신성함을 믿으며 정조문제에 있어 남녀간 차별이 없음을 믿으며 이혼의 불행을 알고 그 예방의 방법을 강구 실행함이 당연함을 믿음.

④ 여자의 현대 지위가 교육, 사회, 정치, 실업 각계에 있어서 향상 발달하여야 될 것을 믿음.

⑤ 아동의 교육받을 천부의 권리를 시인하여 교육에 힘쓰고 아동의 노동 폐지를 믿음.

⑥ 인권을 시인하여 공사창 제도, 기타 인신매매의 여러 가지 사회제도를 반대함이 당연함을 믿음.

⑦ 심신을 패망케 하는 주초와 아편의 제조판매 사용을 금지함이 당연함을 믿음.

⑧ 노동 신성을 믿고 노동자에게 적합한 보호와 대우가 당연함을 믿음.

⑨ 정당한 생활유지의 품삯과 건강을 해하지 않을 정도의 노동시간을 가지게 함이 당연함을 믿음.

⑩ 7일 중 1일은 노동을 정지하고 안식함이 필요함을 믿음.

⑪ 노동쟁의에 공평한 중재제도가 있음이 필요함을 믿음.

⑫ 빈궁을 감소케 함과 산업을 진흥케 함을 믿음.

⑬ 불건전한 오락과 허례 사치 등으로 금전과 시간을 낭비함은 사회에 대

한 죄악임을 믿음.

(2) 사회신경(1997년)

감리회는 하나님의 뜻을 따라 정의로운 사회구현에 깊은 관심을 기울여 온 전통을 가지고 있다. 1930년 제1회 총회에서 사회신경을 채택하고 이를 신앙의 실천적 목표로 삼아, 보다 나은 사회를 이루는 데 이바지하여 왔다. 우리는 오늘의 시대가 안고 있는 새로운 문제들을 앞에 놓고 우리의 사회적 삶의 새로운 실천 원칙을 받아들여야 할 시점에 도달하였다.

예수 그리스도를 구주로 믿는 우리 감리교인은 우리에게 선한 의지를 주시는 하나님의 은혜에 힘입어 우리의 가정, 사회, 국가, 세계 그리고 생태적 환경 속에서 빛과 소금의 역할을 수행하기 위해 다음과 같이 선언하는 바이다.

우리는 만물을 선하게 창조하시고 섭리하시는 성부, 성자, 성령, 삼위일체 하나님을 믿으며, 이 땅에 하나님의 뜻을 실현하는 일에 부르심을 받았다.

① 하나님의 창조와 생태계의 보존

우리는 하나님의 명하심을 따라 우주 만물을 책임 있게 보존하고 생태계의 위기를 극복해야 하는 사명이 있다.

② 가정과 성, 인구 정책

우리는 가정과 성이 하나님께서 정하신 귀한 제도임을 믿는다. 가정을 올바로 보존하며 성의 순결성을 지키는 것은 우리의 사명이다. 그리고 우리는 인구 문제로 인한 세계적 위기를 극복하기 위해 책임 있는 인구 정책이 수립되도록 노력한다.

③ 개인의 인권과 민주주의

우리는 하나님의 형상대로 지음 받은 인간에게 자유와 인권이 있음을 믿는다. 따라서 정권은 민주적 절차와 국민의 위임으로 수립되어야 하며 국민 앞에 책임을 져야 한다. 우리는 정권 유지를 위해 국민을 억압하고 언론의 자유를 위협하는 어떠한 정치 제도도 배격한다.

④ **자유와 평등**

우리는 모든 사람들이 하나님 앞에서 자유롭고 평등하기 때문에 성별, 연령, 계급, 지역, 인종 등의 이유로 차별하는 것을 배격하며 모든 사람들이 더불어 사는 사회 건설에 헌신한다.

⑤ **노동과 분배 정의**

우리는 자기실현을 위한 노동의 존엄성과 하나님이 주신 소명으로서의 직업을 귀하게 여긴다. 동시에 우리는 그 과정에서 나타나는 빈부의 격차를 시정하여 분배 정의가 실현되도록 최선을 다한다.

⑥ **복지 사회 건설**

우리는 부를 독점하여 사회의 균형을 깨뜨리는 무간섭 자본주의를 거부하며 동시에 인간의 자유를 억압하는 전체주의적 사회주의도 배격한다. 우리는 온 국민이 사랑과 봉사의 정신으로 서로 도우며 사는 복지 사회 건설에 매진한다.

⑦ **인간화와 도덕성 회복**

오늘의 지나친 과학 기술주의가 비인간화를 가져오고 물질 만능주의가 도덕적 타락(성도덕, 퇴폐문화, 마약 등)을 초래한다. 따라서 우리는 올바른 인간교육, 건전한 생활, 절제 운동(금주, 금연 등)을 통하여 새로운 가치관의 형성과 도덕성 회복을 위해 앞장선다.

⑧ **생명 공학과 의료 윤리**

우리는 근래에 급속히 발전한 생명 공학이 하나님의 창조의 질서와 인간의 존엄성을 파괴할 수도 있다는 사실과, 근대 의학의 발전이 가져오는 장기 이식 등에 대해 교회의 책임 있는 대책과 올바른 의료 윤리의 확립이 시급함을 강조한다.

⑨ **그리스도의 유일성과 정의 사회 실현**

우리는 예수 그리스도가 우리의 유일한 구주임을 믿는다. 또한 오늘의 현실 속에서 정의로운 사회 건설을 위해서는 타 종교와 공동 노력한다.

⑩ 평화적 통일

우리는 반만년의 역사를 가진 하나의 민족이 여러 가지 국내외적 문제로 분단되어 온 비극을 뼈아프게 느끼며 이를 극복하기 위해 민족의 동질성 회복과 화해를 통한 민족, 민주, 자주, 평화의 원칙 아래 조속히 통일되도록 총력을 기울인다.

⑪ 전쟁 억제와 세계 평화

우리는 재래적 분쟁은 물론, 인류를 파멸로 이끄는 핵무기 생산과 확산을 반대한다. 동시에 세계의 기아 문제, 식량의 무기화, 민족 분규, 패권주의 등의 해결을 위해 모든 나라와 협력함으로 세계 평화에 이바지한다.

3. 헌법

헌법 제1장 제1조는 기독교대한감리회의 신앙과 교리, 조직과 제도, 입법, 사법, 행정의 기본을 법으로 제정하여 감리회의 신앙과 전통을 보존하고 교회의 질서를 유지하고 교회가 부흥하고 성장하게 함을 목적으로 한다고 분명하게 말하고 있다. 제2조부터는 명칭, 교리, 사회신경, 예배서, 기본 체제, 교구, 외국 감리회와의 협약을 규정하고 있다.

헌법 제2장은 회원을 규정하고 있다. 교인은 원입인, 세례아동, 세례인, 입교인으로 구분하고 직분에 따라 평신도 임원, 사역자, 교역자로 구분한다. 평신도 임원은 집사, 권사, 장로로 구분하며, 사역자는 심방전도사와 교육사로 구분한다. 교역자는 연회 정회원, 준회원, 협동회원, 서리담임자 및 전도사로 구분한다.

헌법 제3장은 의회제도에 대하여 규정하고 있다. 감리회의 의회는 당회, 구역회, 지방회, 연회, 총회의 다섯 가지 의회로 조직하되 이 모든 의회의 직무와 권한은 법률로 정한다. 이어 제4장 감독회장과 감독, 제5장 감리회 본부,

제6장 재판, 제7장 감리회 소속 법인 및 재산관리, 제8장 선거관리, 제9장 헌법과 법률의 제정 및 개정을 규정하고 있다.

4. 조직과 행정법

조직과 행정법에서는 개체교회부터 감리회 본부에 이르는 전반적인 감리회의 조직과 행정 절차에 대하여 규정하고 있다. 여기에서 유의할 사항은 개체교회의 조직과 교회 임원, 곧 집사, 권사, 장로들의 자격과 선출, 직능과 책임 등을 파악하는 것이다.

교인의 의무는 다음과 같다. ① 예수 그리스도를 구주로 사람들에게 증거한다. ② 매일 성경을 읽으며 기도한다. ③ 예배, 기도회, 속회, 교회학교, 사경회, 부흥회, 그 밖의 모든 은혜 받는 집회에 참석한다. ④ 감리회의 『교리와 장정』을 공부하고 이를 지킨다. ⑤ 교회의 의무금(십일조)과 교회 사업에 대한 헌금을 낸다. ⑥ 교회의 임원이나 직무를 맡았을 때에는 충실하게 이를 수행한다. ⑦ 감리회에서 발행하는 기관지와 서적 등을 구독한다. ⑧ 교인은 지역사회에서 섬기는 일에 솔선수범한다. ⑨ 교인은 환경을 사랑하고 보존하는 일에 솔선수범한다. ⑩ 교인은 사회신경을 준수하며, 한 남자와 한 여자의 결혼을 통해 구성된 가정의 신성함을 존중한다.

개체교회 담임자의 자격은 정회원, 준회원, 협동회원, 서리담임자로 구분한다.

담임자의 파송 규정은 다음과 같다. ① 개체교회 담임자는 구역 인사위원회의 의결을 거쳐 감독 또는 감리사가 파송한다. ② 부모가 담임자로 있는 교회에 그의 자녀 또는 자녀의 배우자를 10년 동안 동일 교회의 담임자로 파송할 수 없으며, 또한 부모가 담임자로 있는 다른 교회와 통합·분립을 하였을 경우에도 동일한 적용을 받는다. 다만, 총회 실행부위원회에서 정한 미자립

교회는 예외로 한다. ③ 부모가 장로로 시무 중이거나 은퇴 후 10년 이내에 그의 자녀 또는 자녀의 배우자를 동일교회 담임자로 파송할 수 없으며, 또한 부모가 장로로 있는 다른 교회와 통합·분립을 하였을 경우에도 동일한 적용을 받는다. 다만, 총회 실행부위원회에서 정한 미자립교회는 예외로 한다. ④ 개체교회의 담임자가 이임 또는 은퇴한 후 180일 이내에 담임자를 청빙하지 못할 경우, 감독은 구역 인사위원회에서 추천받은 2명 이상 중에서 1명을 직권 파송한다. 다만, 구역 인사위원회에서 추천을 못할 경우에는 30일 내에 감독이 직권 파송한다. ⑤ 미자립교회로 인정받기 위해 교회통계표를 허위로 작성하여 제출한 경우 담임자의 파송을 취소하며, 감독이 위 제1항에 따라 담임자를 파송한다.

담임자의 직무는 크게 세 영역으로 구분한다.

① 영적 지도자 : 담임자는 영적 지도자로서 다음과 같은 직무를 담당한다. ㉠ 교회의 모든 예배 절차를 주관하며 복음을 전파하고 세례식, 입교식, 성찬식, 혼례식, 장례식 등을 집례한다. 다만, 목사로 안수 받지 못한 교역자는 세례식과 성찬식을 집례하지 못한다. ㉡ 속회를 지도하여 부흥 발전케 한다. ㉢ 모든 교인의 가정을 심방하여 신앙을 지도하며 불신자에게 복음을 전파한다. ㉣ 교회의 선교사업, 기독교교육사업, 사회사업, 문화사업 등의 진흥을 권장하고 지도한다. ㉤ 능력 있는 교회 청년들을 발굴하여 지도 육성하며 기독교사업에 헌신 봉사케 한다. ㉥ 감리회 신앙 전통과 정신을 계승하기 위하여 감리회 교재 사용을 권장한다.

② 행정 책임자 : 담임자는 교회의 행정 전반에 관한 책임을 지며, 다음 각 호와 같은 직무를 수행한다. ㉠ 교회 행정에 관한 책임을 지며 회의시 장정 또는 규칙을 해석하거나 감리사에게 문의하여 처리한다. 담임자는 사안에 따라 기획위원회, 당회, 구역회, 임원회의 의결을 거쳐 이를 집행한다. ㉡ 법이 정하는 바에 따라 교회를 다스리고 교인을 지도한다. ㉢ 원입인과 세례인들에게 『교리와 장정』을 가르친다. ㉣ 교회에 속한 교인이 다른 교회로 이명

하여 가는 경우에는 이명증서를 교부한다. ㉤ 교회에 소속한 모든 교인의 주소, 성명, 세례, 임원 피택, 혼례식, 장례식 등에 관해 기록한 교적부를 작성하여 보존한다. ㉥ 당회, 구역회, 지방회, 연회에 교회의 신령상 정황을 비롯하여 교인수와 사업 개요 등을 기록한 교회 현황 보고서를 서면으로 작성하여 보고한다. ㉦ 지방회 사업의 발전을 위하여 감리사를 도우며 교회 상황을 감리사에게 보고하고 협력을 받는다. ㉧ 이웃 교회와 다른 교파 소속 교회와 친선을 도모하고 지방, 연회, 전국 감리회 평신도 단체 연합회와 기독교 연합 사업기관에 적극 협력한다. ㉨ 총회, 연회, 지방회에서 배당한 교회 부담금을 기일 내에 납부한다. 1년 이상 부담금을 납부하지 아니한 개체교회 및 단체에 대하여는 각 의회의 장이 회원권 및 선거권, 피선거권을 정지시키며, 담임자에 대하여는 감독이 직임을 정지시킨다. ㉩ 담임자 이임 시 개체교회의 사무와 행정 재정 등 교회 현황을 포함한 인계·인수서를 작성하여 후임자에게 인계한다. ㉪ 담임자는 교회 재산 변동사항을 증빙서류를 첨부하여 감리사에게 서면으로 보고한다.

③ 교회 회의의 주재자 : 개체교회 담임자는 법률이 정하는 바에 따라 당회, 임원회와 기획위원회를 소집하고 의장이 된다.

부담임자의 직무는 다음과 같다. ① 담임자를 보좌하며 담임자가 위임하는 선교·교육·행정·전도·기획·음악·사회복지·미디어 등의 담당목사로 직무를 수행한다. ② 담임자 유고 시에는 담임자가 지명하거나 담임자가 지명할 수 없는 경우 감리사가 소집한 기획위원회에서 지명하는 부담임자가 담임자 또는 감리사가 위임한 범위 내에서 담임자의 직무를 대행한다.

부담임자의 파송 제한을 엄격히 규정해 놓고 있는데, ① 담임자가 별세, 은퇴, 감독회장으로 취임한 경우를 제외하고는 부담임자를 시무 중에 있는 교회의 담임자로 파송할 수 없다. ② 입교인 100인 이하의 교회에는 부담임자를 파송할 수 없다. 다만, 부분 사역 부담임자는 그러하지 아니한다. ③ 교회를 분리하여 새로 교회를 설립하는 경우에는 구역회의 결의가 있어야 한다.

수련목회자는 '전도사'로 호칭하며, **개체교회 사역자**는 심방전도사와 교육사를 말한다.

개체교회의 부서는 ① 선교부 ② 교육부 ③ 사회봉사부 ④ 예배부 ⑤ 문화부 ⑥ 재무부 ⑦ 관리부 등이다.

평신도 임원인 집사, 권사, 장로의 자격, 선출, 직무 등에 관하여 다음과 같이 규정하고 있다.

개체교회의 **권사의 정수**는 입교인 10명에 1명의 비율로 선출한다. 그러나 입교인 수가 10명이 되지 않는 경우에도 1명의 권사를 선출할 수 있다. 또 60세 이상 된 권사는 정수에서 제외하고 그 해당 수의 권사를 선출할 수 있다.

장로의 정수는 입교인 30명에 1명의 비율로 선출한다. 다만, 입교인 수가 30명에 미달하는 교회도 1명의 장로를 선출할 수 있다. 65세 이상 된 장로는 정수에서 제외하고 그 해당 수의 장로를 선출할 수 있다. 그리고 장로는 2월 말 기준으로 70세가 된 당해연도에 지방회에서 은퇴한다. 다만 65세 이상이면 자원 은퇴할 수 있다.

교역자는 소속 연회의 회원이 되며 그 자격과 신분에 따라 정회원, 준회원, 협동회원으로 구분한다.

그 외에 감리사와 지방회 부서에 관한 규칙, 감독과 연회 본부에 대한 규칙, 관리자와 선교연회 본부에 대한 규칙, 미주특별연회 본부에 대한 규칙, 감독회장과 감리회 본부에 대한 규칙, 연합감리교회, 국외 감리교회 및 국내 타 교파와의 관계에 대한 규칙을 정하고 있다.

5. 의회법

의회법은 당회, 구역회, 지방회, 연회, 총회의 다섯 가지 의회에 대한 규칙이다.

(1) 당회

당회는 개체교회에 등록한 모든 입교인으로 구성되는 의회다. **당회의 구성 요건**은 ① 예배 처소가 있어야 한다. 기도처는 이에 해당되지 않는다. ② 등록된 입교인 12인 이상의 교적을 보유하고 있어야 한다. 그리고 당회에는 임원회, 기획위원회가 있다.

(2) 구역회

구역 안에 구역회를 둔다. 구역회는 개체교회 1개소 이상, 입교인 12명 이상이 있고 담임자의 생활비와 각종 부담금을 납부할 수 있어야 구성된다. 구역회 안에 교역자 인사에 관한 문제를 협의 처리하기 위하여 구역 인사위원회를 둔다.

(3) 지방회

지방회의 구성은 ① 지방회는 23개소 이상의 구역과 10명 이상의 연회 정회원이 있어야 구성된다. ② 국외지방회는 선교지방회로 10개소 이상의 구역과 8명 이상의 연회 정회원으로 구성된다. **지방회의 조직**은 ① 해당 지방회에 소속한 연회 회원(정회원, 준회원, 협동회원)인 교역자 ② 지방 교회에 파송받은 장로 ③ 서리담임자, 전도사(수련목회자, 군목 및 선교사 후보, 기관목회자) ④ 각 구역 권사 대표, 선교부 대표, 교육부 대표, 사회봉사부 대표, 예배부 대표, 문화부 대표, 재무부 대표, 관리부 대표, 남선교회 대표, 여선교회 대표, 청장년선교회 대표, 청년회 대표, 교회학교 대표 각 1명 ⑤ 남선교회지방회연합회 회장, 여선교회지방회연합회 회장, 청장년선교회지방회연합회 회장, 교회학교지방회연합회 회장, 청년회지방회연합회 회장 ⑥ 교회 경제법으로 정한 부담금을 전년도 12월까지 완납하지 아니한 구역의 대표는 회원권이 없다. ⑦ 각 구역은 5명 이상의 대표를 지방회에 보낸다. ⑧ 지방회에 소속한 교회의 평신도 선교사는 지방회 특별회원으로 예우한다.

(4) 연회

연회는 행정구역, 교회 분포 상황 등을 고려하여 연회 및 지방회 경계법이 정하는 바에 따라 감리회에 서울연회, 서울남연회, 중부연회, 경기연회, 중앙연회, 동부연회, 충북연회, 남부연회, 충청연회, 삼남연회, 호남연회, 미주특별연회, 서부선교연회를 둔다. **연회의 조직**은 다음과 같다. ① 연회는 정회원 교역자들과 이와 동수로 각 지방회에서 선출한 평신도 대표들, 그리고 준회원과 협동회원으로 조직한다. ② 교회 경제법으로 정한 부담금을 완납하지 아니한 구역의 교역자와 평신도 대표는 회원권이 없다. ③ 전임으로 목회, 사역하지 않는 이가 부담임자나 소속 교역자로 적을 둔 교회의 교역자와 평신도는 모든 의회에서 선거권 및 피선거권을 가질 수 없다.

(5) 총회

총회는 감리회의 입법과 행정에 관한 사항을 관장하는 최고 의회로, 감리회의 주요 정책과 주요 행정사항을 심의 의결하며 선출된 감독과 감독회장의 취임식을 거행한다. 다만, 입법 업무는 총회 안에 입법의회를 따로 설치하여 전담하게 한다.

총회의 조직과 대표 선출을 보면, 총회는 교역자 대표와 평신도 대표 1,500명 이내로 구성하되 교역자와 평신도를 동수로 하며, 총회 대표는 다음과 같이 선출한다. ① 교역자 직능대표 : 현직 감독회장과 감독 및 당선자, 감리사 ② 평신도 직능대표 : 남선교회, 여선교회, 청장년선교회, 청년회, 교회학교

각 전국연합회장, 연회 실행위원 ③ 감리회 본부 임원 및 도서출판kmc 사장은 총회 직능대표가 된다. ④ 선출직 교역자 대표 : 정회원 수의 비율로 연회에 배정하여 연급, 전문성, 지방회를 고려하여 연회에서 선출한다. ⑤ 선출직 평신도 대표 : 정회원과 동수로 연회에 배정하여 임명된 연수와 전문성, 지방회를 고려하여 연회에서 선출한다. ⑥ 자격자가 없어 선출이 불가능한 경우를 제외하고, 15%는 여성으로, 15%는 50세 미만인 이로 선출한다. ⑦ 교회 경제법으로 정한 부담금을 전년도 12월까지 완납하지 아니하거나 교회의 모든 부동산을 재단법인 기독교대한감리회 유지재단 명의로 등기(법으로 불가능한 경우 제외)하지 아니한 구역의 대표는 총회 대표가 될 수 없다. ⑧ 총회 대표는 임기를 마칠 수 있는 자여야 한다. 다만, 당연직의 경우는 예외로 한다. ⑨ 미파자 및 휴직자는 총회 대표가 될 수 없다. ⑩ 총회 대표로 사유 없이 등록하지 않거나 회의에 참석하지 아니한 회원은 차기 총회 대표가 될 수 없다. 다만, 사전에 의장에게 서면으로 사유서를 제출한 이는 제외한다. ⑪ 각 연회별로 교역자, 평신도 각 10명씩을 총회 대표 후보로 선출한다. ⑫ 총회 대표는 다른 연회로 이명할 경우 총회 대표권을 상실한다.

입법의회의 조직은 ① 선출직 회원 : 총회에서 선출한 회원 정수는 총회 회원의 3분의 1로 한다. ② 직권상 회원 : 감독회장 및 각 감독, 남선교회전국연합회 회장, 여선교회전국연합회 회장, 청장년선교회전국연합회 회장, 청년회전국연합회 회장, 교회학교전국연합회 회장 ③ 임명직 회원 : 감독회장이 장정개정 위원으로 추천하는 교역자 1명, 평신도 1명 ④ 선출직 회원 중 결원 및 이명자가 생기면(질병이나 기타 사유로 본인이 참석 불가를 입법의회 개회일 20일 전까지 서면으로 통보하였을 때) 후보회원이 그 순위에 따라 직위를 계승한다. ⑤ 입법의회 대표로 사유 없이 등록하지 않거나 회의에 참석하지 아니한 회원은 차기 입법의회 대표가 될 수 없다. 다만, 사전에 의장에게 서면으로 사유서를 제출한 이는 제외한다.

앞에서 말한 바와 같이 여기서는 『교리와 장정』의 일부만을 다루었으므로, 그 외 자세한 사항들과 변경되는 내용은 2년마다 새롭게 발행하는 『교리와 장정』을 참고한다.

감리교회사

1. 미감리회·남감리회 선교부 선교 시대

1) 기독교의 수용

한국에 기독교가 수용된 것은 하나님의 섭리였다. 19세기 말 봉건 체제가 붕괴되면서 한국인들은 새로운 사회를 갈망했다. 마침 이러한 기대에 부응하는 사상과 종교가 나타났으니 그것이 바로 기독교(개신교)다. 한국인들은 만주와 일본을 통해 기독교를 접했고, 1879년 김진기, 백홍준, 이응찬, 이성하로 알려진 네 명이 최초로 세례를 받음으로써 한국 기독교 역사의 기초를 놓았다. 1882년부터는 첫 한글 성경인『예수셩교 누가복음젼셔』를 우리말로 출판하고 전국에 반포하여 성경 중심적인 신앙을 형성하였다.

1883년 미국에 파견된 '보빙사절단'이 워싱턴으로 향하던 기차 안에서 가우처(J. F. Goucher) 목사를 만나는데, 이 만남은 한국 선교의 결정적 계기가 되었다. 선교의 가능성을 발견한 가우처는 미감리회에 한국 선교를 요청하는 동시에, 일본에서 활동하던 매클레이(R. S. Maclay)에게 한국 방문을 부탁했다. 이를 하나님의 명령으로 받아들인 매클레이는 1884년 6월 24일 기독교

선교사로는 처음으로 서울에 도착했다. 이날은 한국 감리교회의 선교가 시작된 뜻 깊은 날이다. 매클레이의 선교사업 요청을 받아들인 고종은 학교와 병원을 설립해도 좋다고 허락했다. 이로써 한국 기독교 선교의 문이 열렸다.

2) 미감리회의 한국 선교

미감리회는 '개척 삼총사' 아펜젤러(H. G. Appenzeller) 부부와 스크랜턴(W. B. Scranton) 부부, 스크랜턴 대부인(M. F. Scranton)을 한국 선교사로 파송했다. 이들 중 아펜젤러 부부가 먼저 1885년 4월 5일 부활주일에 제물포에 도착했다. 이후 서울 정동에 정착한 선교사들은 병원과 학교 사업이라는 방식으로 활동을 시작했다. 아펜젤러는 배재학당을, 스크랜턴 대부인은 이화학당을 각각 설립해 교육을 통한 선교에 착수했고, 스크랜턴은 시병원을 설립하여 의료를 통한 선교를 시작했다. 1887년에는 최초의 여성 전용병원인 보구여관도 설립했다. 이 같은 선교 방법은 한국인들이 기독교에 대해 갖고 있던 그릇된 선입견을 바로잡는 역할을 했다. 선교사들의 헌신적 활동에 감명받은 사람들은 기독교를 자신의 신앙으로 받아들였다. 1887년 7월 24일 배재학당 학생 박중상이 첫 세례교인이 되었고, 1887년 10월 9일에는 한국 감리교회의 첫 신앙 공동체인 벧엘예배당(정동제일교회)이 창립되었다.

이후 선교사업은 점차 다른 지역으로 퍼져나갔다. 의료 활동이 백성들에게 신뢰를 받았기에, 서대문 밖 아현과 남대문 안 상동에 진료소를 개설했다. 또 동대문에도 부인 병원을 창설해 상민·천민 계층에게까지 접근해 나갔다. 이로 인해 선교사업이 본궤도에 오르자 인천, 평양, 해주, 원산, 수원, 공주, 원주, 강릉 등으로 활동 영역을 넓힐 수 있었다. 특히 1894~95년 동학혁명과 청일전쟁이 일어났을 때, 교회가 도피처로서 구원의 방주 역할을 하여 교인 수가 크게 늘어났다. 1897년에는 미래의 교회를 이끌 청년 지도력을 배출하는 엡웟청년회를 조직하였다. 한편 목회자 양성에 앞장섰던 한국 감리교회는 1901년 5월 14일 김창식과 김기범을 최초 한국인 목사로 안수하였다.

3) 남감리회의 한국 선교

남감리회의 선교는 중국에 망명한 개화파 지도자 윤치호가 1887년 4월 세례를 받고 한국 최초의 남감리교인이 되면서부터 시작되었다. 그 후 미국에서 유학한 윤치호는 각종 선교 집회에 참석해 한국 선교를 호소했고, 귀국한 뒤에도 남감리회에 선교사 파견을 요청했다. 이에 남감리회는 1895년 10월, 중국에 있던 헨드릭스(E. R. Hendrix) 감독과 리드(C. F. Reid) 목사를 한국에 보내 선교 가능성을 탐색케 하였다. 이들의 긍정적인 보고를 토대로 한국에 선교할 것을 결정한 후, 1896년 5월 리드 부부를 한국 선교사로 파송해 본격적인 한국 선교에 나섰다.

1897년 5월에는 경기도 고양읍에 첫 남감리교회를 창립했고, 6월에는 서울 광희문교회를 설립했다. 이후 남감리회는 짧은 기간 동안에 개성, 원산에 선교 기지를 확보하는 등 괄목할 만한 발전을 보였다. 계속해서 배화여학교·한영서원·호수돈여학교·구세병원 등을 설립하여 영역을 확장했고, 서울의 태화여자관을 비롯하여 개성, 원산, 춘천 등지에 여자 사회관을 설립해 한국 근대 사회복지사업의 문을 열었다.

4) 부흥운동과 민족운동

한국 교회의 부흥운동에 불을 붙인 주역은 남감리회 하디(R. A. Hardie)였다. 하디는 1903년 8월 원산에서 열리는 선교사들의 기도 모임을 준비하면서 성령을 체험했다. 하디가 자신의 무능을 고백하자, 다른 선교사들과 한국인 교인들도 깊은 감동을 받아 공개적으로 자신들의 죄를 고백했다. 이 일은 회개 운동, 곧 '원산부흥운동'의 시작이 되었다. 이후 부흥운동은 개성, 서울, 평양 등지로 퍼져 나가 1907년 평양대부흥운동, 1909년 백만명구령운동으로 연결되었고 한국 교회가 급성장하는 성과를 얻었다. 한국인들은 이 같은 부흥운동으로 회개와 중생, 성결을 체험했고, 성경공부, 새벽기도, 통성기도라는 한국 교회의 독특한 신앙 양태를 형성하였다.

한국 감리교회는 민족운동에도 적극 참여하여 민족의식을 고취하는 역할을 감당했다. 초기 한국 감리교회의 민족운동은 독립협회와 협성회, 엡윗청년회 등의 단체를 통해 이루어졌다. 특히 전덕기 목사를 중심으로 한 상동교회 청년회는 을사조약 무효운동과 헤이그 밀사 사건 등을 주도하여 민족운동의 요람 역할을 했다.

105인 사건 때는 윤치호, 임치정 등이 사건의 주역으로 고난을 당했고, 3·1운동에서는 감리교회가 그 선두에 섰다. 이필주·박동완·오화영·최성모·신석구·신홍식·박희도·김창준·정춘수 등 9명이 민족 대표 33인에 참여했고, 정재용은 3·1운동 당일에 탑골공원에서 독립선언문을 낭독했으며, 손정도 목사와 현순 목사는 상하이로 파견돼 한국인의 독립 의지를 전 세계에 전하였다. 이로 인해 감리교회는 큰 피해를 입었고, 교인들도 모진 고난을 당했다. 수원지방의 제암리교회와 수촌리교회, 화수리교회를 비롯하여 많은 교회당이 일본군의 방화로 불탔으며, '한국의 잔다르크'로 불린 이화학당 학생 유관순과 평양 남산현교회 박석훈 목사 등이 옥중 순국하는 일도 있었다. 3·1운동 이후에도 손정도 목사 등 감리교인들은 상하이 임시정부와 독립운동단체, 애국부인회 등 민족운동 단체에 적극 참여해 민족 문제 해결에 앞장섰다.

2. 기독교조선감리회 자치 교회 시대

1) 기독교조선감리회 창립

3·1운동 이후 한국 교회의 자립 의지가 높아지면서 미감리회와 남감리회를 합동하자는 의견이 나왔다. 우리 민족과 상관없이 이루어진 남북 감리회의 분열 체제를 극복하고, 하나의 감리교회를 이룩하자는 것이었다. 1924년 두 교회 안에 '진흥방침연구회'를 설치해 교회 통합에 따른 교리, 정치, 경제 문제 등을 연구했고, 1926년에는 두 교회의 연회에서 통합연구위원을 선임

해 합동에 관한 방향과 방침을 논의했다. 이러한 한국 교회의 통합 의지와 요구는 미국의 남북 감리회 총회에서 각각 승인되었다. 1930년 11월 18일 남북 감리회 대표 31명으로 구성된 합동전권위원회가 꾸려져 실무 작업에 들어갔고, 1930년 12월 2일 마침내 '기독교조선감리회'라는 이름의 한국 감리교회가 탄생했다. 이는 미국보다 9년이나 앞서 남북 교회의 통합을 이룩한 뜻 깊은 성과였다. 이로써 한국 감리교회는 미국 감리교회의 지휘와 감독을 벗어나 한국인에 의한 '자치 교회'의 새 시대를 열었다.

창립총회에서 양주삼 목사를 총리사(감독)로 선출하고, 설립의 3대 원칙으로 '진정한 기독교회', '진정한 감리교회', '한국적 교회'를 선포했으며, 교리를 정리한 '교리적 선언'과 '사회신경'을 채택하였다. 연회와 지방회도 전면적으로 재조정했는데, 연회의 경우는 중부·동부·서부·만주 등 네 개의 연회로 분할 운영하였다. 한편 연회와 총회의 대표 수에 있어 평신도와 성직자를 동수로 하여 평신도의 역할을 증대시켰으며, 여성의 성직도 법제화하여 1931년 연합연회에서 한국인 최초로 여 선교사 14명이 목사 안수를 받았다. 이처럼 한국 감리교회는 창립 때부터 시대를 앞서 나갔다.

2) 새로운 선교 활동

일제의 식민지 정책으로 1920~30년대 한국의 농민들은 절대 빈곤에 빠질 정도로 희생을 강요당했고, 농촌은 황폐화되었다. 당시는 한국 교회의 3/4 이상이 농촌 교회였기에, 농촌 문제는 곧 교회 문제였다. 이에 한국 감리교회는 농촌 교회의 문제를 해결하기 위해 시대 상황에 맞는 새로운 선교 활동, 농촌운동을 전개했다. 남궁억 전도사는 강원도 홍천 보리울(모곡)에서 어린이들에게 한글과 우리 역사를 가르치면서 무궁화운동을 전개했다(그가 1922년에 지은 시 '삼천리 반도 금수강산'을 가사로 한 찬송가는 농촌 선교의 정신을 잘 표현하고 있어 지금도 애창되고 있다). 신흥우와 홍병선은 YMCA를 통해, 김활란·박인덕·홍에스더·황애덕 등은 YWCA를 통해 농민들의 정신적·문화적·경제적

향상에 힘썼다. 특히 안산의 샘골에서 어린이들과 부녀자들을 대상으로 농촌운동을 전개하다 순직한 최용신 전도사의 활동은 두드러졌다. 그는 심훈의 소설 『상록수』의 실제 주인공이기도 하다. 한국 감리교회 안에도 농촌사업위원회를 구성해 농촌 문제 해결을 위해 노력하면서 각 연회에 농촌(사업)부를 설치하였다. 아울러 각 지방과 구역에도 농촌부를 조직하였다.

절제운동도 감리교인이 주도하였다. 일제는 3·1운동 이후 한국의 전통문화와 민족정신을 파괴하기 위해 일본식 퇴폐 문화를 한국에 이식시켰다. 이로 인해 술, 담배, 아편, 노름, 공창 등이 확산되면서 기성세대뿐 아니라 젊은이들까지 향락 문화에 오염되는 현상이 나타났다. 한국 감리교회는 이러한 퇴폐 문화가 가져올 개인적·사회적·민족적 파멸을 우려하여 금주, 단연, 아편 금지, 공창 폐지 같은 정신운동을 벌였는데, 이를 절제운동이라 불렀다. 손메레, 이효덕 등이 앞장서 활동한 절제운동은 신앙운동이라는 측면을 넘어 '죽어가는 조선을 살리기' 위해 일제에 대항한 적극적인 민족운동이었다.

3) 일제 말기 교회의 수난

일제 말기에 한국 감리교회는 잘못된 신앙의 길을 걸었다. 일제는 '신사참배'를 비롯한 일본의 국가 종교의식을 강요했는데, 교회가 이를 거부하지 못하고 굴복하는 반신앙적 행태를 보인 것이다. 한국 감리교회는 1936년부터 신사참배를 묵인하면서 친일의 길로 접어들었고, 1941년 3월에는 연회를 해산했을 뿐 아니라 교회 이름을 '기독교조선감리교단'으로 변경하고, 교직의 명칭과 교회 조직도 일본 교회의 것을 그대로 채용하였다. 이것이 통칭 '혁신교단'으로 불리는 본격적인 친일 교단이다.

혁신 교단은 찬송가 중 일부를 삭제하거나 개작했으며 학병 권장 등의 시국 강연회를 열어 일본 정부를 지원했다. 교회 종과 비품은 물론이고 예배당까지 팔아 국방헌금을 했고, 교단 시책에 반대하는 목회자나 평신도를 제명하고 선교사를 추방하는 등 친일 행위에 앞장섰다. 1943년에 다시 '일본기독교조선감리교단'으로 이름을 변경했다가 1945년 7월 말 '일본기독교조선교단'에 흡수되어 한때 한국 감리교회의 명맥이 끊기는 듯했다.

그러나 이 같은 상황에서도 신앙의 절개를 지킨 신앙인들이 있었으니, 그들은 짙어가는 어둠 속에서도 하나님이 이루실 해방의 역사를 기다리며 빛을 밝혔다. 이들로 인해 한국 감리교회는 그나마 신앙의 전통을 이어 갈 수 있었다. 하지만 신앙을 지키려는 목회자와 교인들은 파면, 휴직 등의 징계를 받았다. 그들 중 철원읍교회 강종근 목사, 회양읍교회 권원호 전도사, 천곡교회 최인규 권사 등은 신사참배를 거부하고 투쟁하다가 옥중에서 순교하는 수난을 당했다.

3. 기독교대한감리회 자립 교회 시대

1) 해방과 전쟁

8·15 해방으로 닫혔던 교회의 문이 열리면서 성경도 자유롭게 읽게 되고 금지되었던 찬송도 마음껏 부를 수 있게 되었다. 그러나 일제하에 저지른 과오는 제대로 청산되지 못했고, 남북으로 나뉘어져 수난과 내적 갈등의 길을 걷게 되었다.

북한 지역의 교회들은 1946년 10월 서부연회를 재건하고 교역자 양성을 위한 성화신학교를 설립하는 등 교회 재건 작업에 나섰다. 하지만 공산주의 세력의 박해로 북한의 교회들은 처음부터 극심한 수난을 받았다. 이후 계속된 탄압과 한국전쟁으로 인해 북한의 교회들은 지하로 숨었고, 교인들은 신앙의 자유를 찾아 월남하여 실질적인 교회 역사의 맥이 끊어졌다.

남한 지역의 교회는 내적 갈등과 분열로 어려움을 겪었다. 감리교회는 해방 직후 일제의 잔재 청산 문제를 놓고 '재건파'와 '복흥파'로 분열되는 아픔을 겪었다. 재건파와 복흥파는 1945년 말부터 각각 별도의 연회와 총회를 조직하고 대립하다가, 1949년 4월 '주 안에서 하나가 되어야 한다는 지상명령에 순종하기 위하여' 하나로 합동하였다. 합동총회에서 명칭을 기독교'조선' 감리회에서 기독교'대한'감리회로 변경했으며, 장로제도도 공식화하여 교회 발전의 새 계기를 마련했다.

그러나 곧이어 일어난 한국전쟁으로 김유순 감독 등 지도급 인사들이 납북 혹은 순교로 희생당했고, 교회당도 불타거나 파괴되는 피해를 당했다. 이때 한국 감리교회는 미국 교회 등의 재정적 도움으로 전쟁 피해 복구 작업을 신속하게 마무리할 수 있었다. 또한 감리교회의 선교가 이루어지지 않았던 경상도, 전라도, 제주도 지역에 교회를 개척해 '남부연회'를 형성할 정도의 발전을 이루었고, 목원대학교도 설립하여 교역자 수를 확충했다. 반면에 1954년 '호헌파'와 '총리원측'으로 또다시 분열하는 아픔을 겪기도 했다. 이는 전쟁 기간 동안에 내재되었던 갈등과 교권 다툼, 지역감정이 표출된 것이었다. 하지만 1959년에 합동하여 '하나 된 감리교회'의 전통은 계속 이어졌다.

2) 교회와 다양한 선교

전쟁의 수난과 교회 분열의 아픔 속에서도 한국 감리교회는 그 상처를 신속하게 치료하고 성장의 길로 들어섰다. 특히 1968년 온양에서 개최된 선교정책협의회를 계기로 조직과 행정, 경제적인 면에서 독립하여 미국 교회와 선교의 동반자가 되었다. 이후 '자립 교회'의 시대를 연 한국 감리교회는 '받는 교회'에서 '주는 교회'로 바뀌어 세계 선교에 적극 참여하게 된다. 1958년 여선교회의 지원으로 볼리비아 선교를 시작했고, 1965년에는 말레이시아 사라왁과 파키스탄에 선교사를 파송했다. 1970년대 이후에는 세계 선교를 더욱 활발하게 전개하여 동남아시아, 아랍, 남미, 러시아와 동유럽, 중국 등으로 선교 지역을 확대했다.

이와 함께 다양한 선교 활동도 전개했다. 1965년에는 감리교인들이 전국복음화운동을 주도하여 교회의 급성장을 이뤘을 뿐 아니라 한국 교회의 연합

사업을 이끌었다. 1961년부터는 산업 선교를 시작해 소외된 노동자, 농민, 도시 빈민들의 인권 회복과 노동 환경의 구조적 개선을 위해 노력했다. 이러한 사회 참여 활동은 '하나님의 선교'라는 신학적 입장에서 진행됐는데, 1970년 이후에는 민주화운동, 통일운동, 환경운동으로 그 맥이 이어져 한국 감리교회의 자랑스러운 전통을 형성하였다. 그리고 부흥전도운동도 적극 전개하면서 협성대학교를 설립, 운영하여 한국 기독교의 양적 성장에 앞장섰다.

특히 1974년부터 본격적으로 시작된 '5천 교회 1백만 신도운동'은 이후 10년 동안 전국 교회와 성도들의 적극적인 참여 속에서 추진되어 큰 성과를 거두었다. 이 운동이 마무리된 1985년에 3천24교회, 94만 4천107명의 신도라는 놀라운 기록을 세웠다. 1987년부터 시작된 '7천 교회 2백만 신도운동'도 교회 성장의 흐름을 이어갔다.

3) 선교 100주년과 새 시대

1970년대에도 '경기연회'와 '갱신측'의 분열이 있었지만 다시 하나의 교회로 통합했고, 1976년부터는 연회감독제를 실시하여 새로운 체제로 전환하였다. 매클레이가 서울에 도착한지 100년이 되는 1984년 6월 24일을 전후하여 '100주년 기념 국제대회'와 '100주년 기념 연합예배'를 개최하였다. 아펜젤러 내한 100년이 되는 날인 1985년 4월 5일에는 '100주년 기념대회'를 열어 감리교회 유공자를 표창하고 '100주년 기념대회 선언문'을 채택하였다. 이 선언문은 감리교회의 지난 100년 활동을 정리하고 앞으로 열릴 선교 2세기를 전망하는 신앙과 신학적 입장을 밝히면서 복음의 역군으로 충성할 것을 다짐하는 내용이었다. 또 서울 한복판에 감리회관을 새로 짓고 1992년 봉헌하여 한국 감리교회의 위세를 내외에 알렸다.

이후에도 계속 발전한 한국 감리교회는 민족의 역사와 함께하면서 새롭게 열리는 새 시대에 하나님의 뜻을 이 땅에서 확산하기 위해 앞으로 나아가고 있다.

설교학

1. 설교의 역사적 근거

설교는 예수님의 공생애 사역에 역사적 근거를 두고 있다. 마태복음은 예수님의 사역을 ① 가르침(teaching) ② 복음 전파(preaching the gospel) ③ 치유(healing), 이 세 가지로 분류해 증언한다.

> 예수께서 온 갈릴리에 두루 다니사 그들의 회당에서 가르치시며 천국 복음을 전파하시며 백성 중의 모든 병과 모든 약한 것을 고치시니 (마 4:23)

첫째, 예수님은 유대교 전통에 따라 갈릴리의 여러 회당에서 이스라엘 백성을 가르치셨다(마 4:23, 막 1:21, 눅 4:15,31). 안식일 회당 예배에서 모세오경과 예언서들, 시편이 낭독되면 랍비들은 낭독된 말씀을 해설하였다. 예수님은 이 전통을 따라 안식일에 나사렛의 회당에서 이사야서를 낭독하고 그 뜻을 해설하셨다(눅 4:16 이하).

둘째, 예수님은 하나님 나라의 도(道)를 전파하셨다. 다른 말로 하면 '전도

(傳道)'하셨다. 랍비들이 행하는 성경 해설에 머물지 않고 '하나님의 복음을 전파'하시면서(막 1:14), 성경에 예언된 하나님의 나라가 자신을 통하여 이 땅에 임하였음을 선포하셨다. 이러한 예수님의 '복음 전파' 사역이 바로 교회의 설교 사역의 역사적 근거가 된다. 예수님은 성경을 가르치면서 천국의 도를 전하셨다.

> 그들의 여러 동네에서 가르치시며 전도하시려고 (마 11:1)

마가복음과 누가복음은 예수님의 갈릴리 사역을 증거하면서 가르침의 사역은 언급하지 않고, 오직 전도하려고 오신 것으로 묘사한다.

> 38 이르시되 우리가 다른 가까운 마을들로 가자 거기서도 전도하리니 내가 이를 위하여 왔노라 하시고 39 이에 온 갈릴리에 다니시며 그들의 여러 회당에서 전도하시고 또 귀신들을 내쫓으시더라 (막 1:38~39)

> 43 예수께서 이르시되 내가 다른 동네들에서도 하나님의 나라 복음을 전하여야 하리니 나는 이 일을 위해 보내심을 받았노라 하시고 44 갈릴리 여러 회당에서 전도하시더라 (눅 4:43~44)

신약성경에서 '전파(전도)하다'에 해당하는 헬라어 동사는 케루소(κηρύσσω)로, 이는 '선포하다(to proclaim), 전달하다(to herald), 설교하다(to preach)'라는 세 가지 뜻을 가지고 있다. 케루소의 본래 뜻은 예언자가 신의 뜻을 전하는 것 혹은 사자(使者)가 왕의 통고문을 전달하는 것을 의미한다. 한글 성경은 마태복음 3장 1절, 4장 17절과 23절을 '선포하여' 또는 '전파하여'로 번역했고, 대부분의 영어 성경은 3장 1절과 4장 23절을 'preaching' 또는 'proclaiming'으로, 4장 17절은 'to preach' 또는 'to proclaim'으로 번역했다.

신약성경에서 케루소 뒤에 가장 자연스럽게 나오는 단어는 바로 '복음(유앙겔리온)' 곧 '기쁜 소식'이다(마 4:23, 9:35, 24:14, 26:13). 예수님은 복음을 전도하러 오셨고, 사도들에게 복음을 전도하게 하셨다. 그리고 복음은 다른 것이 아닌 바로 예수님 자신이었다.

셋째, 예수님은 백성들의 질병을 치유하는 사역을 왕성하게 실행하셨다. 예수님의 치유 사역은 가르침과 설교(복음 전파) 사역에 동반돼 나타난다. 예수님은 말씀을 전하신 후에 병자를 고치시면서 자신이 세상을 구원할 메시아임을 명백하게 증거하셨다.

2. 설교 사역의 목적 : 복음 선포

1) 예수 그리스도

설교 사역의 목적은 전도(傳道)다. 곧 예수 그리스도의 복음을 선포하는 것이다. 예수 그리스도가 하나님의 사랑과 공의를 성취하기 위하여 인간의 몸으로 이 땅에 오셨고, 자기 몸을 십자가에서 인류 구원의 속죄 제물로 드리시고, 하나님의 능력 가운데 부활하심으로 인간에게 영생의 길을 열어 주셨다. 예수 그리스도의 십자가와 부활 사건을 통해 성취된 하나님의 사랑과 공의는 영원히 변치 않는 진리다.

> 예수께서 이르시되 내가 곧 길이요 진리요 생명이니 나로 말미암지 않고는 아버지께로 올 자가 없느니라 (요 14:6)

이 진리를 선포하는 것이 설교 사역이다. 물론 설교 사역을 통해서 교회의 교리, 기독교적 윤리관, 사회 개혁 등의 주제가 후차적으로 전달된다. 그러나 다른 주제들은 예수 그리스도의 복음 안에 계시된 진리에서 파생된 것이며,

설교의 원초적인 메시지는 아니다. 설교자는 예수 그리스도가 어제나 오늘이나 내일이나 동일한 진리임을 선포하는 사역자다.

그러나 오늘날의 많은 설교자들은 비통하게도 예수 그리스도 진리 이외의 것을 선포하려고 한다. 예수 그리스도의 복음을 진부한 주제라 생각하고, 다른 것을 설교하고 싶어 한다. 설교는 성격상 신학적이며 윤리적이어야 한다. 하지만 설교는 신학적 주제에 대한 강의나 윤리에 관한 교양 강좌가 아니다. 설교는 하나님의 구원의 결정적 행위로서의 '예수 그리스도' 사건을 선포하는 것이다.

종교 개혁자 마르틴 루터는 설교 사역의 목적과 주제에 대해 더욱 분명하게 말한다.

> 만일 복음이 무엇이냐고 물어본다면 당신은 신약성경의 다음과 같은 말씀보다 더 좋은 대답을 얻지 못할 것입니다. "그리스도께서 우리를 위해서 우리의 죄를 사하기 위하여 자기 몸을 주셨고 자기 피를 쏟으셨습니다." 이것만이 그리스도인들에게 설교되어져야 합니다. 이것이 그들의 가슴에 스며들어야 하며, 항상 그들의 기억 속에서 충실히 기릴 수 있어야 합니다. (Luther's Works, vol. 36, 183.)

2) 주님의 날에 선포되는 복음

교회는 왜 율법의 안식일(토요일) 대신 예수 그리스도가 부활하신 주일을 새 안식일로 삼고 주일 예배를 드리게 되었을까? 그 이유를 알면 설교의 목적이 당연하게 예수 그리스도의 복음을 전파하는 것일 수밖에 없음을 명백하게 이해하게 된다. 유대인들의 안식일 회당 예배에 참여했던 초기 성도들은 점차적으로 '주님이 부활하신 날'을 기념하기 위해 안식일 다음 날에 주일 예배를 드렸다. 교회가 안식일이 아닌 안식일 다음 날을 '주님의 날(the Lord's Day)'로 삼고 예배 모임을 갖는 것은 바로 이날에 예수 그리스도께서 죽음에서 다시 사셨기 때문이다.

> 이날 곧 안식 후 첫날 저녁 때에 제자들이 유대인들을 두려워하여 모인 곳의 문들을 닫았더니 예수께서 오사 가운데 서서 이르시되 너희에게 평강이 있을지어다 (요 20:19)

따라서 주일 예배의 중심 주제는 '살아 계신 예수 그리스도'다. 교회는 십자가에서 죽임 당하고 부활하신 예수님이 지금도 세상을 다스리시는 주님이심을 선포하기 위해 주일 예배를 드린다. 예배에는 성도의 찬양, 기도, 감사, 결단 등의 순서가 포함된다. 그러나 이러한 것들은 예수 그리스도의 복음에 대한 성도의 응답이며, 그 자체로는 예배의 주제가 되지 못한다. 예배에서 성도는 십자가와 부활 사건을 통해 하늘과 땅의 모든 권세를 받으시고 다스리시며 영원하신 예수 그리스도를 찬양한다. 이 복음이 주일 예배의 중심 주제다.

3) 개신교 설교에 대한 우려

종교 개혁자들이 중세 교회의 성례전을 비판한 것은 성례전이 복음의 진리를 선포하지 못한다고 판단했기 때문이다. 개혁자들은 중세의 성찬이 교회의 전통을 유지하는 수단으로 전락했다고 비판했다. 중세 천주교 미사는 회중이 이해하지 못하는 라틴어로 집례되었으며, 성찬의 떡과 포도주는 사제들만의 것이 되었다. 회중은 장엄한 미사를 통해 복음의 진리를 깨닫기보다는 종교적인 경외심만 느낄 뿐이었다. 성례전은 최고의 종교적 경험으로 인식되었지만, 그것은 예수 그리스도의 복음의 진리를 드러내서가 아니었다. 라틴어로 집례하는 미사를 통해 종교 미학적 절정을 경험했기 때문이었다. 종교 개혁자들이 보기에 이러한 중세의 미사는 예수 그리스도의 복음을 억압하고 있었다.

복음이 억압당하는 상황 속에서, 종교 개혁자들은 설교 사역을 통해 복음의 진리가 명확히 드러나게 했다. 루터가 성서를 독일어로 번역한 것은 그리스도인들이 성서의 말씀을 자국어로 들을 때 복음의 진리가 그들에게 명료하게 선포될 수 있었기 때문이다. 개혁자들은 설교 시간에 예수 그리스도를 선포함으로 온전한 예배를 드리기 원했던 것이다.

오늘날 종교 개혁의 전통을 따르는 개신교의 예배는 예수 그리스도의 복음을 충실히 선포하고 있는가? 만일 그렇지 못하다면 개신교회의 예배와 설교 사역의 위기는 여기에서 시작된다. 설교를 통해 복음의 진리가 충실히 선포되지 못한 채 재미있는 이야기와 유익한 정보들을 전하는 도구로 전락된다면, 설교는 예배를 훼손하는 역할을 하게 된다. 이렇게 복음을 잃어버릴 때, 설교와 설교자는 회중의 우상이 되어 버린다. 설교는 복음의 진리를 선포하고 변증하는 것이지, 설교 자체가 복음이 될 수 없다는 것을 개신교회의 설교자들은 깊이 인식해야 한다.

3. 복음의 진리와 자유

복음의 진리가 선포되는 곳에는 반드시 자유와 해방이 뒤따른다. 설교를 통해 예수 그리스도의 진리가 선포되면 죄에서의 자유, 악에서의 자유, 정욕에서의 자유, 인간성을 파괴하는 온갖 종류의 가난과 질병에서의 자유가 성취된다.

> 너희가 내 말에 거하면 참으로 내 제자가 되고 진리를 알지니 진리가 너희를 자유롭게 하리라 (요 8:31~32)

설교는 '언어적 사건'이면서 동시에 '능력의 사역'이다. 진리가 언어를 통해서 선포된다는 점에서 설교는 '언어적 사건'이고, 진리가 선포되는 곳에 구원과 치유의 능력이 나타난다는 점에서 '능력의 사역'이다. 예수 그리스도의 진리가 전파되는 곳에 자유와 해방이 나타나는 이유는 복음이 하나님의 구원을 이루는 능력이기 때문이다. 죄와 악에서 구원하고, 죄의 습관과 악의 생각에서 벗어나게 하며, 성령 안에서 하나님의 성품을 닮아가게 하는 능력이 예수 그리스도의 진리 안에 들어 있다.

> 이 복음은 모든 믿는 자에게 구원을 주시는 하나님의 능력이 됨이라 먼저는 유대인에게요 그리고 헬라인에게로다 (롬 1:16)

복음서 기자들은 예수 그리스도의 사역을 증거하면서, 예수님께서 말씀을 전파하시며 동시에 표적을 나타내셨다고 기록했다. 진리이신 그리스도가 말씀하실 때에 온갖 더러운 것에 묶임을 받았던 사람들에게 자유와 해방이 따라왔다.

> 예수의 소문이 더욱 퍼지매 수많은 무리가 말씀도 듣고 자기 병도 고침을 받고자 하여 모여 오되 (눅 5:15)

> 예수께서 그들과 함께 내려오사 평지에 서시니 그 제자의 많은 무리와 예수의 말씀도 듣고 병 고침을 받으려고 유대 사방과 예루살렘과 두로와 시돈의 해안으로부터 온 많은 백성도 있더라 (눅 6:17)

> 예수께서 대답하여 이르시되 너희가 가서 보고 들은 것을 요한에게 알리되 맹인이 보며 못 걷는 사람이 걸으며 나병환자가 깨끗함을 받으며 귀먹은 사람이 들으며 죽은 자가 살아나며 가난한 자에게 복음이 전파된다 하라 (눅 7:22)

> 이르시되 무슨 일이냐 이르되 나사렛 예수의 일이니 그는 하나님과 모든 백성 앞에서 말과 일에 능하신 선지자이거늘 (눅 24:19)

이처럼 예수 그리스도의 사역에서 증거된 말씀과 표적의 이중 구조는 제자들의 사역에서 그대로 재현된다. 예수님은 사도들에게 하나님 나라를 전파하며 능력을 행할 수 있는 권세를 주시고 그들을 파송하셨다. 제자들은 예수님이 주신 능력과 권위를 가지고 사람들에게 복음의 진리를 선포하며, 복음을 듣는 사람들이 죄와 질병에서의 해방을 경험하게 하였다.

> 예수께서 열두 제자를 불러 모으사 모든 귀신을 제어하며 병을 고치는 능력과 권위를 주시고 하나님의 나라를 전파하며 앓는 자를 고치게 하려고 내보내시며 (눅 9:1~2)

> 제자들이 나가 각 마을에 두루 다니며 곳곳에 복음을 전하며 병을 고치더라 (눅 9:6)

진리이신 예수 그리스도를 선포하는 설교 사역을 통해 자유와 해방의 표적이 나타나는 것은 사도들에게만 국한된 것이 아니다. 어느 시대나 진실한 복음 설교자는 진리이신 그리스도를 선포하면서 복음의 능력 가운데 사람들로 하여금 자유와 해방을 경험하게 한다. 물론 가시적으로 치유의 표적이 나타나야만 온전한 설교가 되는 것은 아니다. 복음이 전파될 때 설교 듣는 사람들의 소원이 모두 이루어지는 것은 아니기 때문이다.

중요한 것은 복음의 진리이자 살아 계신 예수님께서 진실하게 복음을 증거하는 설교자들과 진실하게 말씀을 받아들이는 신자들에게 필요한 표적을 나타내신다는 것이다. 그렇게 하여 설교를 통해 자유와 해방의 표적이 나타날 때, 사람들은 예수 그리스도의 복음이 진리라는 것을 확인하게 된다.

임원 지침

1. 감리회 임원

선교와 교육과 봉사라는 교회 사명을 효율적으로 감당하기 위해서는 조직과 관리가 반드시 필요하다.

감리회의 교인은 직분에 따라 평신도 임원, 사역자, 교역자로 구분하고 있다. 평신도 임원은 개체교회에서 선교, 교육, 봉사, 교제의 사역을 효과적으로 수행하기 위해 선택된 이로, 집사·권사·장로로 구분한다. 교회는 봉사와 섬김을 위해 집사를 세우고, 교인들의 신앙생활을 지도하고 권면하기 위해 권사를 세운다. 그리고 교인들의 신앙생활에 본이 되면서 교회의 질서를 유지하고 교역자의 목회에 협력하도록 장로를 세운다.

평신도 임원들의 올바른 신앙생활은 교회 부흥과 성장에 큰 영향을 끼친다. 따라서 임원은 신앙생활뿐 아니라 개인생활, 가정생활, 사회생활에서도 빛과 소금의 역할을 감당해야 한다.

1) 임원의 개인생활

교회 임원의 삶에서 가장 중요한 것이 개인생활이다. 개인생활이 바르지 않다면 다른 생활 또한 기대할 수 없기 때문이다. 여기서 말하는 개인생활은 임원 각자가 가져야 할 경건한 생활을 말한다. 개인의 경건이 바로 설 때 가정의 구원이 성취되고 타인을 구제하는 사회생활로 발전해 갈 수 있다. 성경은 하나님의 은혜를 받는 경건생활에 관하여 세 가지 길을 제시하고 있다.

첫째, 하나님께 영광을 돌리는 찬송과 기도생활이다(행 2:47, 엡 6:18).

둘째, 하나님의 말씀인 성경을 읽고 연구하며 묵상하는 일이다(행 17:11).

셋째, 때를 얻든지 못 얻든지 복음을 전파하는 일이다(딤후 4:1~2).

2) 임원의 가정생활

임원의 가정생활이 행복하지 못하면 신앙생활이 불편해지고 좋지 않은 영향을 받을 수밖에 없다. 가정생활이 편안할 때 신앙생활도 즐겁고 함께 성장해 갈 수 있다. 가정은 하나님께서 주신 생명이 잉태되고 성장하는 보금자리인 동시에, 가족 모두에게 가장 편안한 안식처이자 요람이 되어야 한다. 특히 그리스도를 믿는 가정은 행복과 기쁨이 상주하는 곳이어야 한다. 사랑을 가장 구체적으로 실천하는 장이자 서로를 깊이 신뢰하는 영혼의 안식처가 되어야 한다.

이를 위해 부모에게는 존경과 순종으로, 부부 사이는 애정으로, 자녀에게는 자애로, 형제 사이에는 우애로, 친척 간에는 협조와 겸손과 이해로 편안한 관계를 형성해야 된다. 또한 가정생활을 성공적으로 이끌기 위해서는 다음의 세 가지에 주력해야 한다. 첫째, 하나님 중심으로 살아야 한다. 둘째, 가정 예배를 드려야 한다. 셋째, 믿음으로 사는 가정이 되어야 한다.

3) 임원의 사회생활

사회란 개인을 단위로 하여 공동생활을 하는 사람들의 조직이다. 인간을 사회적 동물이라 지칭하는 이유는 다양한 관계 속에서 서로 도우며 살아야 하는 존재이기 때문이다.

그리스도인은 하늘의 시민인 동시에 한 사회의 시민이다. 교회 임원들이 사회생활을 통하여 하나님의 강력한 사랑을 실현해 갈 때 이 세상은 하나님이 통치하시는 건강한 사회로 변화되어 갈 것이다. 이러한 책임을 가진 교회 임원들이 사회생활에서 갖추어야 할 요소는 진실한 생활, 책임 있는 모습, 주변 사람들에게 신앙적 모범을 보이는 자세다.

2. 임원의 구성과 직무

각 임원의 책임과 역할, 선교적 사명을 제대로 수행하기 위해서는 다음의 내용을 반드시 숙지하여야 한다.

1) 집사

(1) 자격

① 감리회에서 입교인이 된 후 2년 이상 경과되고 70세 미만인 자

② 신앙이 돈독하고 감리회의 『교리와 장정』을 공부한 이

③ 감리회에서 제정한 집사 과정고시에 합격한 이

(2) 자세

디모데전서 3장 외에 성경 여러 곳에서 집사에 대한 자격과 자세에 대하여 말씀하고 있다. 집사의 중요 책무 중 하나는 사도들의 협력자가 되는 것과 구제 사업에 전담하는 것이다. 또한 복음 전도에 힘쓰면서 전도자의 사명을 잘 감당해야 한다(행 6:1~4).

섬김의 역할을 감당하는 집사는 가장 먼저 양심적으로 행동하며 도덕적으

로 모범이 되어야 한다. 옛날 집사들은 가가호호 방문하여 거둔 돈으로 가난한 사람들을 구제하는 임무를 맡았다. 이러한 임무에 충실하려면 누구보다 청렴하고 부당한 방법으로 이익을 탐하지 말아야 한다. 그리고 사람들을 대하면서 일구이언(一口二言)하거나 지나친 과장이나 추측, 좋지 않은 소문 등으로 오해와 불화를 일으키는 행동은 삼가야 한다. 교인들 간에 긴밀하게 화합하면서 일치할 수 있도록 협력자로서 최선을 다해야 한다.

(3) 직무

① 교인된 의무를 열심히 수행하여 교인의 모범이 된다.
② 기도생활과 전도, 봉사 등으로 교회 부흥에 앞장서야 한다.
③ 개체교회의 선교부, 교육부, 사회봉사부, 예배부, 문화부, 재무부, 관리부, 기타 부서에 소속하여 맡은 바 직무에 봉사한다.

2) 권사

(1) 자격

① 감리회에서 집사로 5년 이상 그 직을 연임한 35세 이상 되고 70세 미만인 자
② 신앙이 돈독하고 감리회의 『교리와 장정』을 공부한 이
③ 기도회를 인도하고 다른 이에게 신앙적으로 권면할 능력이 있는 이
④ 감리회에서 제정한 권사 과정고시에 합격한 이
⑤ 권사는 가급적 인가귀도 된 이로 한다.
⑥ 타 교파에서 이명해 온 안수집사, 권사는 권사의 반열에 두고 담임자가 증서를 준다. 다만, 안수집사·권사증서를 제출하여야 한다.

(2) 자세

권사는 교인들의 신앙생활을 지도하고 권면하기 위해 먼저 다방면에서 모

범을 보여야 한다. 예배를 소중히 여기고, 온전한 주일 성수를 하며, 믿음의 본을 보이기 위해 말씀 읽기, 기도하기, 자원함으로 봉사하기, 감사함으로 헌금하기 등에 누구보다 앞장서는 자세가 필요하다. 교인을 권면할 때도 언행을 조심하면서 입술을 제어하는 지혜자가 되어야 한다. 권사는 교회 공동체가 협력하여 선을 이룰 수 있도록 공의를 위한 여론을 형성하면서 발전적으로 이끌어 가야 한다.

(3) 직무

① 담임자의 지도에 따라 기도회를 인도한다.
② 신자들을 심방하고 낙심한 이들을 권면하며 불신자에게 전도한다.
③ 속회를 분담하여 성경을 가르치며 신앙생활을 지도한다.
④ 자기가 수행한 직무를 정해진 서식에 따라 당회, 구역회에 보고한다.

3) 장로

(1) 자격

① 감리회에서 권사로 5년 이상 연임하면서 신앙이 돈독하고 교인의 의무를 성실히 감당하며, 가족이 신앙생활을 하며, 전도할 능력과 열심이 있는 자로 40세 이상이 되고 65세 미만인 이
② 기획위원회의 재적회원 3분의 2 이상의 출석과 출석회원 3분의 2 이상의 찬성으로 천거를 받아 당회에서 출석회원 3분의 2 이상의 찬성으로 신천장로로 결의된 이
③ 개체교회에서 신천장로로 추천받아 신천장로 고시과정에 합격하고 지방회 자격심사위원회의 심사를 거쳐 지방회에서 재적회원 과반수의 출석과 출석회원 3분의 2 이상의 찬성으로 품행 통과를 받고 장로증서를 받은 이
④ 타교파에서 이명해 온 장로는 기획위원회의 재적회원 3분의 2 이상의

출석과 출석회원 3분의 2 이상의 찬성으로 추천받아 이명장로 고시과정에 합격하고 지방회 자격심사위원회의 심사를 거쳐 지방회에서 재적회원 과반수의 출석과 출석회원 3분의 2 이상의 찬성으로 품행 통과를 받고 장로증서를 받은 이

(2) 자세

바울과 바나바는 선교 여행을 마치고 돌아오는 길에 그들이 세운 교회를 방문해 장로들을 임명하여 굳건히 하였다(행 14:22~23). 또 야고보서 5장 14절에서는 "너희 중에 병든 자가 있느냐 그는 교회의 장로들을 청할 것이요 그들은 주의 이름으로 기름을 바르며 그를 위하여 기도할지니라."고 말씀하고 있다.

이러한 말씀에 근거할 때, 장로는 군림하는 자리가 아닌 교회를 튼튼히 세워 가는 주춧돌의 역할을 감당해야 한다. 신앙과 인격이 사람들의 존경을 받을 만하고, 성령의 지혜가 충만하여 성도들을 위로하고 섬길 수 있어야 한다. 또한 장로는 목회의 지원자가 되어야 한다. 목회자가 힘들고 외로울 때 함께 기도해 주고, 목회에 용기를 불러일으키는 영적 능력의 촉매제가 되어야 한다.

장로는 생활의 모범을 보일 뿐 아니라 영적인 품성을 유지하면서 성도들에게 복음의 진리를 올바르게 가르치고 안내하는 자리에 있어야 한다.

(3) 장로안수를 받을 자격

① 장로증서를 받고 2년의 장로 진급과정을 5년 이내에 수료한 이
② 2년의 장로 진급과정을 수료할 때까지 지방회 자격심사위원회의 심사를 거쳐 지방회에서 재적회원 과반수의 출석과 출석회원 3분의 2 이상의 가표를 받은 이

(4) 직무

① 감리사의 파송을 받은 교회에서 담임자를 도와 예배, 성례, 그 밖의 행사 집행을 보좌한다.

② 담임자를 도와서 교회 임원들의 활동을 지도한다.

③ 교인들을 심방하며 신앙을 지도한다.

④ 교회의 재정유지에 적극 참여한다.

⑤ 담임자의 부재나 유고 시에 담임자 또는 감리사가 장로에게 위임한 범위 내에서 담임자의 직무를 대행할 수 있다.

⑥ 당회, 구역회, 지방회의 회원이 되며 평신도 연회 대표와 총회 대표로 선출될 수 있다.

⑦ 직무수행 결과를 당회, 구역회, 지방회에 보고한다.

⑧ 총회가 정하는 연수 과정을 이수해야 하며, 연수 과정은 별도로 정한다.

(5) 파송

신천장로와 복권되는 장로는 지방회에서 품행 통과를 받은 후 감리사가 그 지방회 내의 교회에 파송한다. 장로가 다른 교회로 이명하는 경우에도 소속 지방회 감리사의 파송을 받는다. 다른 지방회에서 이명하여 오는 장로는 지방회 인사위원회의 동의를 받아 감리사가 파송한다. 그리고 다음 각 항에 해당되는 경우에는 감리사가 지방회 인사위원회 재적위원 과반수의 찬성으로 장로를 다른 교회로 파송하거나 유보할 수 있다.

① 파송받은 교회에서 교회 출석, 직무 수행, 헌금 등의 의무 부담, 장정의 준수 및 신앙생활에 현저한 문제가 있는 경우 담임자가 정기 당회에서 재석 과반수의 의결을 거쳐 장로의 파송을 유보하도록 감리사에게 요청하고 자격심사위원회에서 부적격으로 심사를 받은 경우

② 부득이한 사정으로 파송받은 교회에서 다른 교회로 이명하려고 하는 장로가 담임자나 본인 또는 지방회 인사위원 3명 이상의 동의로 감리

사에게 요청한 경우

③ 장로가 건강상 이유 또는 직장의 인사이동 등 개인사정으로 인하여 장로 파송의 유보를 담임자의 승낙을 얻어 감리사에게 청원한 경우

(6) 인사 관리

① 연급 중에 있는 장로는 직무수행과 품행에 대하여 지방회 자격심사위원회의 심사를 거쳐 지방회에서 재적회원 과반수의 출석과 재석회원 3분의 2 이상의 찬성으로 통과시킨다. 다만, 연급 중에 있는 장로는 이명할 수 없다.

② 담임자가 정기당회를 거쳐 서면으로 장로의 파송 유보를 요청한 경우 지방회 개회 시에는 지방회에서 재적회원 과반수의 출석과 재석회원 3분의 2 이상의 찬성으로 통과하며, 지방회가 닫힌 후에는 지방회 인사위원회에서 장로의 교회 파송 여부를 심사하여 감리사가 파송 또는 유보할 수 있다.

③ 장로가 다른 지방회로 이명하려면 담임자나 본인의 요청에 따라 지방회 감리사가 이명하여 가려는 교회의 소속 지방회 감리사에게 이명증서를 송부한다. 만일 소속 지방회 감리사가 이명 요청을 받은 날로부터 3개월 내에 이명증서를 송부하지 아니할 경우에는 이명하여 가려는 교회가 속한 지방회 감리사가 처리할 수 있다.

④ 동일 지방회 내에서의 이명은 소속 교회 담임자와 이명하여 가려는 교회 담임자 사이의 협의를 거쳐 감리사에게 파송을 요청한다. 만일 합의가 되지 않는 경우 60일 이내에 지방인사위원회의 결의에 따라 처리한다.

⑤ 감리회가 인정하는 다른 교파에서 이명증서를 소지하고 이명해 온 장로는 감리회의 입교인이 된 후 6개월 이상 감리회의 『교리와 장정』을 공부하고 지방회에서 시행하는 이명장로 고시과정에 합격하고 장로증

서를 받은 후 장정에 준하여 파송한다.

⑥ 장로가 특별한 이유 없이 2년 이상 지방회에 출석하지 아니하였을 경우에는 장로의 파송을 유보하되 3년 이상 출석하지 아니할 때에는 장로의 자격을 상실한다. 이 경우 특별한 사유가 있을 때는 그 사유를 담임자를 경유하여 서면으로 감리사에게 제출하여야 한다.

⑦ 자격을 상실한 장로가 자격상실 당시 속해 있던 당회의 의결을 거쳐 복권을 감리사에게 요청하면 지방회에서 재적회원 과반수의 출석과 출석회원 3분의 2 이상의 찬성으로 복권될 수 있다. 다만, 복권될 경우 상실 당시의 연급으로 복권되고 연한은 가산하지 아니한다.

⑧ 장로는 재판법 절차에 따르지 않고는 징계를 받지 아니한다.

3. 교회의 부서와 조직

당회에서 조직된 선교부, 교육부, 사회봉사부, 예배부, 문화부, 재무부, 관리부는 각 분야별 사업을 집행한다.

1) 선교부

(1) 조직

① 당회는 해마다 장로, 권사, 집사 중에서 약간 명을 택하여 선교부를 조직한다.

② 선교부는 부장 1명과 서기 1명을 선출한다. 그리고 필요한 경우 분과위원회를 조직하고 분과위원과 분과위원장을 선출한다.

③ 선교부는 속회를 조직하고 이를 운영한다.

④ 교회의 실정에 따라 지역별로 지역장을 둘 수 있다.

(2) 직무

① 담임자를 도와서 교회의 선교 계획을 수립하여 국내외 선교 활동을 전개한다.

② 담임자의 지도하에 교인들의 가정을 심방하며, 낙심자를 권면하고, 불신자에게 전도한다.

③ 담임자의 지도하에 속회를 조직하여 운영하며 교회 부흥을 도모한다.

2) 교육부

(1) 조직

① 당회는 해마다 장로, 권사, 집사 중에서 약간 명을 택하여 교육부를 조직한다.

② 교육부는 부장 1명과 서기 1명을 선출한다. 그리고 필요한 경우 분과위원회를 조직하고 분과위원과 분과위원장을 선출한다.

(2) 직무

① 담임자를 도와서 기독교교육과 훈련에 관한 계획을 수립하고 이를 집행한다.

② 담임자를 도와서 교인들의 교회생활과 사회생활에 대한 교육과 훈련을 실시한다.

③ 교회학교의 조직, 교육정책, 교육계획 및 운영지침을 수립하고 이를 시행한다. 교회학교의 조직과 운영에 관한 사항은 별도의 규정을 제정하여 시행한다.

3) 사회봉사부

(1) 조직

① 당회는 해마다 장로, 권사, 집사 중에서 약간 명을 택하여 사회봉사부

를 조직한다.

② 사회봉사부는 부장 1명과 서기 1명을 선출한다. 그리고 필요한 경우 분과위원회를 조직하고 분과위원과 분과위원장을 선출한다.

(2) 직무

사회봉사부는 담임자를 도와서 교회 내외의 봉사 활동을 하며 지역사회 발전과 개발을 위해 노력한다.

4) 예배부

(1) 조직

① 당회는 해마다 장로, 권사, 집사 중에서 약간 명을 택하여 예배부를 조직한다.

② 예배부는 부장 1명과 총무 또는 서기 1명을 선출한다. 그리고 필요한 경우 분과위원회를 조직하고 분과위원과 분과위원장을 선출한다.

(2) 직무

① 담임자의 지도에 따라 모든 예배와 성례가 은혜롭고 원만하게 진행되도록 계획을 수립하고 돕는다.

② 담임자의 지도에 따라 예배 안내 및 헌금과 강단위원을 조직하여 훈련하고 세운다.

③ 모든 예배의 일지를 성실하게 기록하여 보관한다.

5) 문화부

(1) 조직

① 당회는 해마다 장로, 권사, 집사 중에서 약간 명을 택하여 문화부를 조직한다.

② 문화부는 부장 1명과 서기 1명을 선출한다. 그리고 필요한 경우 분과 위원회를 조직하고 분과위원과 분과위원장을 선출한다.

(2) 직무

문화부는 담임자를 도와서 기독교문화 향상을 위하여 기획하며, 교회음악, 기독교문학, 예술, 체육 활동, 교인 친교 행사 등의 전반에 관한 계획을 수립하고 이를 시행한다.

6) 재무부

(1) 조직

① 당회는 해마다 3명 이상의 인원을 장로, 권사, 집사 중에서 택하여 재무부를 조직한다.

② 재무부는 부장 1명, 서기 1명, 회계 1명 내지 2명을 선출한다.

㉠ 재무부장은 재무부 회의의 의장으로서 회의를 소집하고 회의를 주관한다.

㉡ 서기는 재무부 부원의 명부를 작성 비치하고 회의 시마다 의결된 안건과 의결 내용을 정확하게 기록한 회의록을 작성하여 재무부장과 공동으로 서명 날인한 후 이를 보관하여야 한다.

㉢ 회계는 부장의 결재 하에 헌금을 수합하여 예치하며, 수입지출 업무를 수행하고, 회계장부를 기록하여 관리한다.

(2) 직무

① 교회의 연간 수입지출 예산안과 전년도 수입지출 결산서를 작성한다.

② 확정된 예산안의 원활한 집행을 위해 교인들에게 교회의 의무금(십일조)을 부담케 하고 헌금할 것을 청한다.

③ 교회의 수입지출에 관한 회계 업무를 처리하고 재정을 관리한다.

④ 전임 교역자와 유급 직원들에게 생활비를 정기적으로 지급한다.

⑤ 교역자의 주택을 마련한다.
⑥ 교역자의 퇴직금을 수합하여 금융기관에 예치하고 관리한다.
⑦ 감리회 본부, 연회, 지방회의 해당 부담금을 기일 내에 납부한다.
⑧ 교회에 소속한 부동산에 부과되는 각종 세금과 그 밖의 공과금을 납기 내에 납부한다.
⑨ 임원회에 수입지출에 관한 재정 현황을 보고하고, 당회와 구역회에 연간 결산을 보고한다.

7) 관리부

(1) 조직

① 당회는 해마다 3명 이상의 인원을 장로, 권사, 집사 중에서 택하여 관리부를 조직한다.
② 관리부는 부장 1명과 서기 1명을 선출한다.
③ 서기는 관리부 부원의 명부를 작성 비치하고 회의 시마다 의결된 안건과 의결 내용을 정확하게 기록한 회의록을 작성하여 관리부장과 공동으로 서명 날인한 후 이를 보관하여야 한다. 부원의 명부에는 부원의 성명과 주소, 부원으로 피선된 연, 월, 일 그리고 퇴임한 연, 월, 일을 기입하여야 한다.

(2) 직무

① 교회가 소유하거나 관리하고 있는 부동산 및 동산의 목록을 작성하여 보관한다. 이 목록에는 부동산, 동산의 구분(부동산의 경우 소재, 지목, 지적 포함), 재산 취득경위, 취득일자, 취득가액 등이 기입되어야 한다. 그리고 재단법인 기독교대한감리회 유지재단에 편입 등기된 일자 등을 정확히 기입하여야 한다.
② 교회가 부동산을 취득하였을 때는 6개월 이내에 유지재단에 등기한다.

③ 교회가 소유하거나 유지재단으로부터 수탁 관리 중에 있는 부동산을 사용 목적에 따라 관리 보존하고 재산을 효율적으로 관리한다.
④ 교회 예배당, 부속 건물 그리고 교회 비품을 수리하고 보존한다.
⑤ 교회가 유지재단으로부터 수탁 관리 중에 있는 부동산 또는 유지재단에 편입, 등기되지 아니한 부동산을 매도하거나 환매, 무상양여, 신축 또는 증개축, 철거, 훼손 및 목적을 변경하고자 할 경우에는 서면으로 그 사유를 기재한 제안서를 구역회에 제출하여 승인을 얻은 다음 소정의 서식에 따라 재단법인 기독교대한감리회 유지재단이사회의 허가를 받아야 한다. 그 계획을 변경하고자 할 경우에도 또한 이와 같다.
⑥ 교회의 비품을 매매하고자 할 경우에는 임원회의 승인을 받아야 한다.
⑦ 관리부장은 교회가 보존 관리하고 있는 부동산의 현황을 기재한 재산목록과 변동사항 등을 명시한 관리 상태를 당회와 구역회에 보고한다.
⑧ 교회에서 보존 관리 중에 있는 건물과 비품 중 특별히 관리해야 할 건물과 비품은 임원회의 승인을 받아 각종 보험에 가입하고 그 결과를 당회, 구역회, 지방회, 연회 본부와 재단법인 기독교대한감리회 유지재단에 각각 보고한다.

4. 교회 안의 여러 기관

개체교회 형편에 따라 다음의 부서들을 조직하고, 교회 공동체의 성장을 위한 각 기능을 적극 발휘하게 한다.

1) 교회학교

교회학교는 교회에 출석하는 어린이부터 노인에 이르기까지 성경을 중심으로 기독교교육을 실시하는 기관이다. 교회는 교회학교를 설립하여 교인들을 체계적으로 교육한다.

2) 청년회

1897년 엡윗청년회에서 시작된 감리회 청년회는 선교 초기부터 국가와 민족을 위해 뜨겁게 활동해 왔다. 그런 조직과 활동으로 청년회는 많은 이들의 사랑과 신뢰를 받으며 성장해 왔다. 이러한 전통에 따라 청년회는 하나님의 정의, 평화, 창조질서가 보존되는 하나님 나라 일꾼 됨을 목적으로 한다.

3) 청장년선교회

청장년선교회는 하나님을 사랑하고, 이웃을 사랑하며, 말씀을 전파하라고 하신 그리스도의 위대한 명령을 따르기 위해 조직되었다. 많은 변화와 도전에 직면해 있는 이 땅에서 기도운동, 회개운동, 성령운동, 전도운동을 전개하여 빛과 소금의 역할을 잘 감당함을 목적으로 한다.

4) 여선교회

여선교회는 그리스도의 정신으로 회원들의 신앙 향상, 여성 지도력 개발, 교회 발전 등을 위해 노력하며, 국내외 선교 활동을 실천하여 이 땅에 하나님 나라를 확장해 감을 목적으로 한다.

5) 남선교회

남선교회는 예수 그리스도의 가르침에 따라 선교 활동과 회원 상호간의 친목을 도모하고, 국내외 각 교파와 연합하여 평신도 활동에 참여함으로써 민족 복음화와 세계 선교에 이바지함을 목적으로 한다.

6) 속회

교인들의 신앙 훈련과 친교, 봉사, 구제 등을 위하여 조직한다. 속회원 가정을 순회하며 각 가정의 형편을 살피고 안정된 신앙생활을 하도록 서로 돌보는 데 목적이 있다.

5. 기획위원회, 임원회, 당회

1) 기획위원회

감리회는 개체교회를 원활하게 운영하기 위하여 담임자와 연회에서 파송한 연회 회원과 장로로 구성되는 기획위원회를 두고 있다. 다만 위원 수가 7인 미만일 경우에는 임원 중 권사, 집사의 순으로 7인에 달할 때까지 당회에서 위원을 충원한다.

기획위원회의 직무는 다음과 같다. ① 임원회에서 위임된 사항 결의 ② 담임자의 목회 협력에 관한 사항 협의 ③ 신천장로 천거 ④ 권사, 집사, 기타 임원의 당회 천거 ⑤ 상근 직원의 임면에 관한 결의 ⑥ 그 밖의 중요 사항에 관한 협의다.

2) 임원회

임원회는 당회의 실행부가 되며 담임자가 의장이 된다. 임원회는 목사, 전도사, 교육사, 심방전도사, 장로, 권사, 집사, 교회학교장, 남선교회 회장, 여선교회 회장, 청장년선교회 회장, 청년회 회장, 당회 서기 및 연회 회원으로 조직한다. 임원회는 보통 분기별로 소집하며, 아래와 같은 직무를 수행한다. ① 당회에서 위임된 사항 처리 ② 분기별 교회의 행정과 재정에 대한 보고 접수 ③ 당회가 닫힌 후 발생한 중요사항 심의 ④ 그 밖에 개체교회에서 긴급히 처리해야 할 중요사항 심의다.

3) 당회

당회는 교회의 근간이 되는 최고 의회로, 교회에 등록한 모든 입교인과 연회와 지방회에서 해당 개체교회에 파송한 교역자들로 구성된다. 정기당회는 일 년에 한 번 모이나 필요에 따라 임시 당회도 소집할 수 있다. 당회 의장은 개체교회 담임자가 되며, 당회의 직무는 다음과 같다.

① 당회는 당회 회원의 명부를 조사 정리한다. 다만, 입교인 정리는 정기당회에서만 할 수 있다.

② 당회는 교역자를 포함한 모든 임원의 보고를 받는다.

③ 당회는 집사, 권사를 선출한다.

④ 당회는 감사, 교회학교장 등을 선출한다.

⑤ 당회는 선출된 남선교회 회장, 여선교회 회장, 청장년선교회 회장, 청년회 회장을 인준한다.

⑥ 당회는 5세대부터 9세대 범위 안에서 속회를 조직하고 임원 중에서 속장 1명을 선출한다.

⑦ 당회는 기획위원회에서 천거한 장로 후보자를 투표로 선출하되 재석 3분의 2 이상의 찬성으로 의결하여 지방회에 천거한다.

⑧ 당회는 제17조(피선거권의 제한) 제3항에 의거하여 교인의 의무를 이행하지 아니한 자의 제명을 의결한다. 다만, 장로의 경우에는 당회의 결의를 받아 지방회에서 절차를 밟아 처리한다.

⑨ 당회는 담임자의 목회에 협력하기 위해 필요에 따라 기획위원회의 천거로 특별위원회를 둘 수 있다.

⑩ 당회는 제8항의 규정에 의해 제명된 당회원에 대해 입교인 5명 이상의 청원이 있을 경우 당사자의 복권을 의결할 수 있다.

⑪ 당회는 당회원들의 신령상 정황을 조사한다.

⑫ 당회는 신천집사, 신천권사의 품행을 심사하고 과정고시를 거쳐 증서를 수여한다.

4) 회의에 임하는 자세

그리스도의 마음을 품고 다툼이나 허영이 아닌 겸손과 남을 낫게 여기는 마음을 가진다. 마음을 같이하여 같은 사랑을 가지고 뜻을 합하며 한마음을 품는다(빌 2:1~4).

바울이 빌립보 교회에 일관되게 강조한 것은 '하나가 되는 것'이었다. 바울은 빌립보 교회의 지도자인 유오디아와 순두게에게 "주 안에서 같은 마음을 품으라."고 권면했다. 이 두 사람은 바울과 함께 복음에 힘쓰는 충성스러운 일꾼이었으나 한마음을 품지 못하고 서로에게 마음의 벽을 세운 결과, 교회 내에 분열과 갈등을 일으키는 장본인이 되고 말았다.

이처럼 스스로 주도권을 행사하면 하나님의 의는 가로막고 자신의 의만 내세우는 잘못된 결과를 초래한다. 그러므로 우리는 교회의 모든 주도권을 가지고 계신 주님께 전적으로 순종하여 하나님의 역사가 드러나게 해야 한다. 더불어 공동체를 위한 봉사와 헌신의 자세를 가져야 한다. 서로를 배려하고 적극 협력함으로써 교회의 거룩한 본질을 바로 세워야 한다.

감리교신학

감리교신학 과목은 조직신학의 각 주제들에 대한 감리교의 관점을 공부한다. 이 과목에서 다루는 내용은 삼위 하나님의 구원 사역의 순서로, '성부 하나님'으로 시작해서 '창조, 피조물, 타락과 죄, 언약의 역사, 성자 하나님, 성령 하나님, 교회'라는 주제를 다룬 뒤 '종말'로 마무리한다. 조직신학에서 전반적 주제를 다룰 때 이러한 구조를 활용한다.

1. 사명

하나님께서 감리교인을 부르신 목적이 있다. 18세기 영국에서 시작된 감리회 운동의 참여자들은 '국가를, 특별히 교회를 개혁하기 위해서 그리고 이 땅에 성서적 성결을 전파하기 위해서' 하나님께서 그들을 세우셨다고 믿었다. 다른 말로 세상의 변혁을 위한 예수 그리스도의 제자가 되고, 제자를 만드는 것이 사명이었다.

기독교대한감리회는 신앙고백 7조에서 모든 사람에게 '복음을 전파함으로'

이 땅에 '하나님의 정의와 사랑을' 전하는 데 우리의 사명이 있다고 설명한다. 그리고 '평화의 세계를 이루는 모든 사람들이 하나님 앞에 형제 됨'을 신앙 고백하고 있다. 종합하자면 그리스도인의 사명은 복음을 전파하고 하나님 사랑과 이웃 사랑의 실천을 통해 하나님의 뜻이 이 땅에서 실현되는 하나님 나라의 현실화에 있다.

2. 신학 방법론

감리회는 『교리와 장정』 내에 있는 '기독교대한감리회 신학을 위한 지침'이라는 문건을 통해 감리교신학의 방법론을 제시하고 있다. 전통적으로 감리교 신학의 기준과 권위를 성경, 전통, 체험, 이성이라는 네 가지 신학적 토대에서 찾았다. 그러나 네 가지 권위가 동등하지는 않다. 성경이 최우선이며 전통, 체험, 이성은 보조적이다.

성경은 구원과 믿음의 원천이다. 또한 믿음과 실행의 참된 법도를 알려 준다. 따라서 '모든 믿음에 대한 해석의 진실성과 신빙성을 측정하는 기준'은 성경이 된다. '기독교 신앙 공동체들의 모범적 유산'인 전통은 '역사적 과정을 통해 다양한 형태로 나타나지만, 그 안에 간직된 복음의 진리는 모든 기독교인이 공유하는 것'이다. 기독교 신앙의 불변하는 진리와 그것의 사회적·시대적 의미성 사이의 균형 잡힌 이해를 추구할 필요가 있다. 이때 전통에 대한 판단 기준은 성경이다. "기독교 복음의 증언은 성경에 근거를 두고 전통에 의해 전달된다 해도 우리가 그것을 이해하고 체험하기 전에는 아무 효력이 없다." 따라서 체험 역시 중요하다. 이성은 신학함에 있어서 '성경을 이해하고 그 메시지를 광범위한 지식의 세계와 연관시키기 위하여' 필요하다.

그리고 기독교대한감리회는 "복음이 한국 문화에 뿌리 내려 열매 맺게 하는 것을 수립"하기 위해 토착문화를 감리교신학의 기준과 권위로 추가하였다. 한국 문화에 대한 깊은 이해는 '한국 감리교회의 예배, 신조, 영성, 선교와 같은 구체적인 신앙생활의 전 영역에서 복음이 한국인들의 문화와 심성에 뿌리 내려 열매 맺게' 하기 위해 필요하다. 이런 과정으로 '성경, 전통, 체험, 이성, 토착문화'는 감리교신학의 다섯 가지 기준과 권위가 되었다. 우리가 주의해야 할 것은 신학 방법론의 기본적인 목적과 기능은 감리교 사명을 감당하는 것을 돕는 것에 있어야 한다는 점이다.

3. 신론과 삼위일체론

신론은 신 존재 증명, 하나님의 속성, 하나님의 사역 등의 주제를 다룬다. 웨슬리는 믿음의 대상인 '하나님께서 존재하신다'는 기본 전제에서 신론을 설명한다. 때문에 신 존재 증명은 웨슬리의 관심사가 아니었으며, 그는 주로 하나님의 속성과 사역을 다루었다.

루터, 칼빈(칼뱅), 웨슬리 모두 하나님의 전능, 주권, 의, 거룩한 뜻, 풍성한 은혜, 사랑과 같은 주제들에 관심을 가졌다. 다만 칼빈은 하나님의 절대 주권을, 웨슬리는 하나님의 거룩한 사랑을 가장 강조했다.

우리는 먼저 '하나님은 영이시라'는 기본적이며 본질적인 진리를 우리의 머리와 마음에 새겨야 한다. 영이신 하나님은 모든 영들의 아버지시며, 자녀를 포함한 모든 피조물에게 애정을 가지고 계신다. 여기서 주의할 점이 있는데, 그것은 하나님께서 사랑을 가지고 계시지만 외부의 어떤 요인에도 영향을 받지 않으신다는 것이다.

하나님의 속성은 크게 자연적 속성과 도덕적 속성으로 나뉜다. 하나님의 자연적 속성은 영원(Eternity), 편재(Omnipresence), 전지(Omniscience), 전능(Omnipotence)을 의미한다. 영원하신 하나님은 어디에나 계시며 모든 것을 아시고 불가능이 없으시다. 하나님의 무한하심과 완전하심은 하나님의 자연적 속성들과 직접적으로 연결된다. 왜냐하면 무한하거나 완전하지 않으면 하나님은 영원, 편재, 전지, 전능하실 수 없기 때문이다.

하나님의 도덕적 속성은 거룩, 진리, 선, 사랑, 정의다. 하나님은 우리를 돌보시며, 순수하시며, 용서하시고, 거룩하시며, 은혜로우신 분이다. 여기서 우리는 '하나님의 사랑은 거룩한 사랑'임을 기억해야 한다. 공의와 사랑, 거룩하심과 선하심이 마치 대비되는 개념처럼 여겨질 수 있으나 감리교신학에서는 이 개념들이 함께 간다고 본다. 예를 들어 하나님은 공의를 위해 사랑을 희생하지 않으시며 사랑을 위해 공의를 희생하지도 않으신다.

기독교의 신론은 삼위일체론과 직접적으로 연결된다. 웨슬리는 삼위일체 교리를 '가장 중요한 진리', '기독교의 바로 그 심장의 입구', '모든 생명력 있는 종교의 뿌리'라고 부르며 중요시했다. 성부, 성자, 성령, 세 위격은 동등하고 한 본질이시다. 세 위격은 개별적이지만 '거룩한 사랑' 때문에 교류를 하며 서로에게 자신을 선물로 주고 하나가 되신다. 교류는 세 위격이 서로 안에, 서로를 통해서, 서로가 함께 거하시는, 즉 상호 내주하심을 의미한다.

우리는 성경의 증언과 삼위 하나님께서 우리의 구원을 위해 일하심 가운데서 드러난 사랑을 경험함으로 성부, 성자, 성령께서 한 분이심을 알게 된다. 성부 하나님은 창조와 구원의 근원이시다. 성자 하나님은 인간 구원의 본질이시다. 성령 하나님은 우리의 인도자시다. 우리는 삼위의 각 위격이 구체적 사역에 있어서 역할의 차이는 있으나 늘 함께 일하신다는 것을 염두에 두어야 한다. 즉 구별되지만 분리되지 않으시는 삼위 하나님은 모든 사역에 있어서 함께 일하신다. 따라서 어떤 구체적인 사역이 단 한 위격에만 속해 있다고 보는 견해는 건강한 견해가 아니다. 창조와 섭리를 성부 하나님만의 고유한 사역으로, 구속을 성자 하나님만의 고유한 사역으로, 성화를 성령 하나님만의 고유한 사역으로 보는 견해는 잘못된 견해다.

하나님의 세 인격 모두가 만물의 창조주, 옹호자, 보호자, 주인, 구속주, 통치자, 완료자다. 다만 한 위격이 대표로 나서는 사역들이 있을 뿐이다.

4. 인간의 창조와 타락

감리교신학은 타락 이전의 창조의 선함을 강조한다. 하나님은 모든 피조물을 그 종류대로 선하게 창조하셨다. 피조물은 설계된 각자의 목적에 따라 창조되었으며, 위대한 창조주의 영광과 피조물들의 선(good)을 증진시키기 위해 창조되었다. 이에 낙원에 있던 모든 피조물은 선했다. 낙원에서 인간은 하나님이 주신 온전한 하나님의 형상을 통해 하나님을 보고, 알고, 사랑하고, 순종하는 것이 가능했다. 하나님을 직접 보고 알았으며 하나님의 법을 직관적으로 알고 적용했다.

하나님과 동등하게 되고 싶은 욕망 때문에 타락한 천사 사단으로 인하여 악(완전한 선에서의 일탈 혹은 선을 선택하지 않음)이 세상에 들어왔다.

사단은 인간을 시기했다. 먼저 사단은 아담의 아내에게 다가가 진실이 섞인 거짓말로 속였다(창 3:4~5). 사단의 속임수와 하나님에 대한 신뢰 부족으로 아담의 아내는 하나님의 명령에 불순종했다. 아담의 아내는 하나님의 법을 어겼고, 그로 인해 하나님과의 관계가 단절되었다. 반면에 아담이 타락한 원인은 그의 아내와 약간 달랐다. 아담은 아내에게 설득 당했다. 그는 하나님보다 배우자를 더 사랑했다. 전능하신 하나님은 그들에게 시험을 허락하셨다. 타락한 천사와 인간 모두 시험을 넘어서지 못했다. 그들은 악을 세상에 들여오고 죄를 지었다.

타락의 첫 번째 결과는 인간에게 주어진 하나님 형상의 손상과 상실이다. 그 결과 인간은 하나님과의 관계를 자신의 독자적인 능력으로 다시 맺을 수 없게 되었다.

타락의 두 번째 결과는 단절(분리)과 죽음이다. 단절(분리)에 의해서 두 종류의 죽음이 발생했다. 육의 죽음과 영의 죽음이다. 육의 죽음은 죽음의 순간에 경험하는 영육의 분리를 의미한다. 영의 죽음은 우리의 영과 영의 근원이신 하나님과의 단절을 의미한다.

타락의 세 번째 결과로 인간은 삼중 욕망으로 가득한 존재가 되었다. 삼중 욕망이란 궁극적 삶의 목적을 감각의 기쁨에서 찾는 육신의 욕망, 상상력의 기쁨을 가장 최우선으로 추구하는 안목의 정욕, 인간의 칭송을 추구하는 이생의 자랑을 말한다.

마지막으로 인간은 무신론자로 이 세상에 온다. 하나님 형상의 손상과 상실은 인간을 불신앙, 자만, 자기의지 등으로 가득 찬 자기중심적 존재로 만든다. 하나님의 은혜가 없다면 우리는 하나님 없이 사는 존재가 될 수밖에 없다.

5. 기독론

기독교 역사에 있어서 기독론 연구는 일반적으로 다음의 두 가지 주제를 중심으로 이루어졌다. 그것은 '그리스도의 인격과 사역에 관한 연구'와 '그리스도의 구원 방식(주로 속죄론)에 관한 연구'다.

예수 그리스도는 성육신하신 하나님으로, 신성과 인성이라는 두 본성을 지니신 참 하나님, 참 인간이시다. 신성과 인성의 결합은 놀라운 연합이다. 그러나 웨슬리는 두 본성, 즉 신성과 인성이 결합된 방식은 신비이기에 어떻게 결합되었는지에 대해서는 골몰하지 말라고 충고한다.

1784년 존 웨슬리가 발표한 25개 종교강령 제2조는 두 본성의 인격적 결합을 강조한 후에 십자가 지심의 의미를 "우리로 하여금 그의 아버지와 화목하게 하시고 원죄뿐만 아니라 사람들이 실제로 지은 죄를 위하여 자신을 제물로 바치시기 위함"이라고 설명한다.

종교강령 제3조는 그리스도의 죽으심, 부활, 승천, 심판을 이야기한다. 그리스도인의 삶은 중재자로서의 직무라는 그리스도의 현재적 사역에 영향을 받는다. '그리스도의 현재적 사역'은 예언자, 제사장, 왕이라는 그리스도의 세 가지 직무로 표현된다. 웨슬리는 '그리스도의 삼중 직무'를 설명할 때, 제사장으로서의 직무를 기본으로 삼는다. 제사장적 직무(속죄의 어린양과 중보자로서의 그리스도)가 예언자적 직무(율법과 은혜의 선생으로서의 그리스도)와 왕으로서의 직무(죄를 정복하고, 현실 인간의 손상된 하나님의 형상을 회복시키며, 우리를 영원한 의로 이끄시는 그리스도)의 근거가 되기 때문이다.

종교강령 제20조는 그리스도의 속죄 사역과 그 의미를 구체적으로 명시한다. 웨슬리의 속죄 이해는 기본적으로 죄의 문제 해결이라는 서방교회의 전통적 이해를 따르고 있다. 이러한 측면에서 속죄론은 웨슬리에게 그리스도교의 모든 교리 가운데 가장 중요한 교리였다. 가장 일반적인 의미에서 속죄는 서로 떨어져 있는, 나아가 원수 된 두 편이 하나가 되는 화해를 의미한다. 웨슬리는 용서로서의 속죄를 기본으로, 하나님의 사랑의 증거로서의 속죄와 해방으로서의 속죄를 강조한다. 하나님은 그리스도 안에서 장벽을 허무셨다. 따라서 그리스도는 공의와 사랑을 모두 충족시키는 하나님의 거룩한 은총 그 자체시다.

6. 성령론

성령 하나님께서 우리 안에서 일하시기 때문에 성령님은 우리의 모든 성결의 즉각적 원인이 되신다. 하나님의 은총은 하나님의 거룩한 영의 권능이다. 하나님의 눈에 합당한 일을 성취하시기 위해 하나님은 성령의 권능을 통해 우리 안에서 일하신다. 따라서 우리는 은총으로 하나님의 뜻, 섭리, 사역에 참여하며, 하나님께서 우리 안에 거하시는 은혜로운 현존을 경험한다. 새로운 힘을 부어 주시는 성령님은 그리스도인의 영적, 도덕적, 일상적 삶의 중심이 되신다.

성령 하나님의 사역들은 다음과 같다. 성령님은 진리를 깨닫도록 우리의 이해를 조명하신다. 우리의 의지와 정서들을 올바르게 조정하시고, 본성을 새롭게 만드시며, 우리의 인격과 그리스도를 연합시키신다. 우리가 하나님의 자녀라는 사실을 깨닫게 하시고, 우리의 영혼과 몸을 정화시키고 성화시키신다. 그리고 하나님의 뜻에 합당한 삶을 살 수 있도록 도우신다. 종합하자면 삼위 하나님의 구원 사역에 있어서 성령 하나님은 은총의 전달자, 성경의 뜻을 깨닫도록 영감을 주시는 분, 우리에게 은사를 공급하시는 분이다.

우리가 주의를 기울여야 할 것이 있다. 그것은 성령 하나님은 성부 하나님 혹은 성자 하나님의 권능이나 에너지가 아닌 인격이라는 것이다. 성령 하나님은 성부 하나님, 성자 하나님과 동등하신 분이다.

7. 구원론

존 웨슬리가 '성경적 구원의 길'이라는 설교에서 설명한 구원의 여정(순서)은 다음과 같다. 원죄와 선행 은총 ···▸ 죄를 깨닫게 하는 은혜와 회개 ···▸ 칭의 은혜와 칭의 ···▸ 신생과 성화 ···▸ 그리스도인의 완전 ···▸ 영화. 구원의 여정 가운데 하나님께서 먼저 일하시고 하나님의 은총에 힘입은 우리는 하나님의 구원 사역에 응답할 수 있게 된다.

1) 원죄와 선행 은총

원죄의 결과로 인해 인간은 하나님의 부르심에 긍정적으로 응답할 수 없게 되었다. 이러한 인류에게 하나님이 먼저 선행 은총을 통해 다가오셨다. 하나님께서 모든 인간에게 선행 은총을 주셨기 때문에 누구에게나 구원의 가능성이 있다. 구원 순서의 첫 단계인 선행 은총으로 인해 우리는 다음과 같은 유익을 얻는다.

① 하나님에 관한 기본적인 지식을 얻는다.

② 자유의지를 통해 하나님의 부르심에 "네!"라고 대답할 수 있게 된다.

③ 세상에 도덕법(하나님의 법)이 어느 정도 다시 주어졌다.

④ 하나님께서 초자연적인 선물로 양심을 주셨다.

⑤ 선행 은총의 유익들(①~④까지)을 잘 활용하면 인간과 사회의 사악함을 어느 정도 제약할 수 있다.

2) 죄를 깨닫게 하는 은혜와 회개

선행 은총으로 인해 인간은 지속적으로 역사하는 은총의 깊은 차원을 경험하게 된다. 선행 은총 다음의 은총의 깊이는 우리로 하여금 죄를 깨닫고 인식하게 하는 것과 관련이 있다.

회개란 기본적으로 자신의 죄악성, 죄에 대한 책임, 그리고 죄의 문제 해결에 있어서 자신의 철저한 무능력을 깨닫는 것이다. 죄를 깨닫는 것 역시 은총의 역사로 가능하다. 따라서 회개의 시작은 우리에게 있는 것이 아니라 하나님께 있다. 회개는 회개에 합당한 열매를 낳는다. 그러나 회개와 회개에 합당한 열매가 우리를 의롭게 하는 것은 아니다. 인간의 어떠한 공로도 우리를 의롭게 하지 못한다. 회개는 우리를 칭의의 입구로 인도한다.

3) 칭의 은혜와 칭의

칭의란 하나님께서 예수 그리스도의 십자가 공로로 죄를 용서해 주시고 죄인인 우리를 의롭다고 여겨 주시는 것이다. 하나님의 은총과 믿음을 통해 우리는 죄를 용서받고 의롭다 여김을 받는다. 믿음은 구원의 출발로서 하나님의 선물이다. 칭의의 은총은 우리에게 십자가상에서 우리 죄를 지신 그리스도를 신뢰할 것을 요구한다. 하나님의 호의와 사랑이 인격적으로 우리에게 향해 있음을 깨닫게 하시기 위해 하나님은 칭의 은혜를 통해 일하신다.

칭의로 인해 우리는 죄책감에서 벗어나고 하나님의 의를 회복한다. 그리고 하나님과 화해한다.

4) 신생과 성화

성화의 과정 가운데 우리는 죄의 뿌리와 힘에서 구원을 받고 하나님의 형상이 회복되며 그리스도를 닮아간다. 신생(new birth)은 이 과정의 시작이다. 성화 은혜는 우리로 하여금 영적, 도덕적, 실제적 삶에 있어서 풍성한 열매를 맺게 한다. 성화의 과정 중에 내 안에 남아 있는 죄악성을 깨닫고, 하나님의 은혜 없이는 이 문제를 해결할 수 없다는 것을 깨닫는 것이 필요하다. 또한 죄의 습관을 뿌리 뽑는 것이 필요하다. 이를 위해 하나님은 성화 은혜를 통해 지속적으로 역사하신다. 죄를 근절하시기 위해 우리 안에 있는 죄의 뿌리를 치료하시며 성결의 길로 인도하신다.

감리교 구원론에 따르면 성령님의 사역은 우리가 의롭다 여김을 받는 것에서 끝나지 않는다. 성령님은 깨지고 상한 우리 삶을 회복시키시고 전인격적으로 되찾으신다. 이러한 회복은 개인의 삶뿐만 아니라 공동체적 삶과 사회적 삶까지 포함한다.

5) 그리스도인의 완전(온전 성화)

그리스도인의 완전은 신적인 완전이 아니다. 타락 이전 낙원에서 아담이 누리던 완전도 아니다.

그리스도인의 완전은 성령의 은총으로 도덕적 형상이 온전하게 회복되는 것을 의미한다. 온전 성화를 체험한 그리스도인들은 자신의 타락한 본성이 온전히 치유되는 경험을 하며, 그리스도의 본을 따라 하나님을 사랑하고 하나님께서 사랑하시는 모든 피조물을 사랑하게 된다.

6) 영화

영화는 구원 순서의 마지막 단계다. 칭의가 죄책에서의 구원이라면, 성화는 죄의 본질에서의 구원이다. 영화는 의의 최후 승리와 새 하늘과 새 땅의 상속자로서 하늘로 올라감을 전제로 한다. 예수 재림과 대심판 이후 온전히 영화롭게 된 신자는 "죽을 몸이 죽지 아니할 몸으로, 썩을 몸이 썩지 아니할 몸으로, 병든 몸이 병들지 아니하는 몸으로 그리스도의 부활의 몸처럼 다시 신령한 몸으로" 살게 된다. 영화의 상태에 이른 하나님의 자녀는 무지, 실수, 연약함, 유혹에서 자유하게 된다.

8. 교회와 사회

신앙 공동체로서의 교회는 우리에게 삼위일체 하나님, 이웃들, 그리고 나 자신과 교제할 장을 제공한다. 이 교제는 하나님의 거룩한 사랑의 원칙에 뿌리내린 상호 나눔과 돌봄의 교제다. 이런 까닭에 신앙 공동체는 그리스도인의 신앙적 성숙에 있어 핵심적 역할을 한다. 개인의 성숙과 성결은 신앙 공동체를 떠나서는 불가능하다. 나아가 성령의 은혜로 우리에게 주어진 그리스도의 덕이 성숙해지려면 세상과의 분리가 아닌 세상 속에서 그리스도인의 역할을 감당할 때 가능하다.

'교회에 대하여(엡 4:1~6)'라는 웨슬리의 설교에서 우리는 교회에 대한 그의 기본적인 관점들을 살펴볼 수 있다. 교회란 하나님을 섬기기 위해 모인 사람들의 공동체를 의미한다. 이 모임의 범위는 소그룹, 가정교회, 지역교회, 국가교회 등을 모두 포함한다. 교회는 구원을 추구하고 구원에 감사하며 하나님께 영광을 돌리는 공동체다. 따라서 하나님의 말씀 선포와 성례전의 끊임없는 집례가 주요한 기능이다. 즉 교회 공동체의 핵심은 예배에 있다.

감리교 관점에서 '교회와 사회의 관계를 어떻게 바라볼 것인가' 하는 고민은 감리교 사명과 직접적으로 연결된다. 세상 변혁을 위한 예수 그리스도의 제자 됨과 제자 양성이 감리교도의 자의식과 소명이 되어야 한다. 우리는 예수 그리스도를 따르는 자들로 부르심을 받았다. 이 부르심은 단순히 개인 구원에 머무는 것이 아니라 사회 개혁으로까지 나아가야 한다. 우리의 이웃은 하나님이 사랑하시는 온 인류다. 이웃 사랑을 위해 자비의 행위에 힘써야 한다. 인류에게 자비와 사랑을 베풀어야 한다. 또한 억압받는 사람과 고통 가운데 있는 사람들을 위한 정의의 사역에 힘써야 한다. 이러한 사명을 감당하기 위해 교회는 세상을 떠난 공동체가 아닌 세상 안에 있는 공동체가 되어야 한다.

9. 종말론

죽음 이후에 모든 영은 최후의 심판을 기다린다. 죽음을 겪은 영혼은 신자와 불신자, 의로운 자와 불의한 자 모두 죽은 자들이 잠시 거하는 중간 거처로 간다. 그곳에서 신자와 불신자는 분리되기에, 악한 영혼은 의로운 영혼을 해할 수 없다.

최후의 심판은 죽음의 순간이 아닌 종말의 때에 이루어진다. '최후 심판의 날이 언제인가?', '재판의 기한은 얼마나 지속되는가?'라는 질문은 인간적인 잣대로는 측정 불가능하기에 답할 수 없다. 왜냐하면 주의 하루는 천 년 같고 천 년이 하루 같기 때문이다.

최후의 심판에서 하나님은 모든 인류의 생각과 행동의 동기들을 검증하신다. 이때 하나님은 성경과 우리에게 선물로 주신 양심이라는 두 잣대를 가지고 심판하신다. 대심판의 법정에서 살아 있을 때 행한 모든 행동, 말, 생각, 그리고 그것들의 동기가 밝혀진다. 문제는 그 누구도 성경과 양심의 법전을 비켜 갈 수 없다는 데 있다. 따라서 용서가 필요하다. 이때 하나님의 약속을 신뢰하는 신자들은 복음의 언약에 따라 용서받는 반면에 하나님을 신뢰하지 않는 사람들은 용서받지 못한다.

진급과정 1년급

2장

01

구약 | 역사서

구약성경 속 '역사서'는 칠십인역(LXX)의 구약 정경 구성과 순서에 따라, 룻기와 에스더를 포함한 여호수아부터 에스더까지 총 12권이다.

역대상 초반부(1~8장)에 나오는 아담부터 열두 지파 자손에 관한 진술을 제외하고, 일반적으로 구약의 역사서는 가나안 정착 과정에서부터 바사(페르시아) 제국 시대까지의 광대한 역사를 다룬다.

이 역사서 전체를 연결하는 신학적 매개체 하나를 꼽으라면, 그것은 하나님이 이스라엘에게 약속하신 '땅'일 것이다. 여호수아의 지도하에 아브라함, 이삭, 야곱에게 약속하신 '땅'을 점령하고, 하나님이 선택하신 사사들을 통해 그 '땅'을 지키며, 하나님이 허락하신 왕국을 건설하고 성전을 건축한 곳도 바로 그 '땅' 위에서였다. 그러나 그곳에서 이스라엘 백성은 여호와 하나님이 아닌 이방 신들을 숭배하고 하나님께 불순종함으로 왕국의 멸망과 성전 파괴, 그리고 '땅'의 상실을 경험한다. 이러한 과정을 서술하고 있는 역사서임에도 불구하고 실패한 과거사에 대한 회상에만 초점을 맞춘 것이 아니라, 포로기 이후 재건된 예루살렘 성전 중심의 새로운 신앙 공동체를 통해 하나님께서 허락하실 새로운 미래도 준비한다.

객관적이며 사실적인 사건을 서술하는 일반 역사서와 달리, 구약 역사서는 협의적으로는 하나님이 선택하신 '이스라엘'이라는 민족의 역사를, 광의적으로는 하나님의 통치 영역에 속한 세상의 역사를 다루는 신학적 내용을 담고 있다. 이러한 구약 역사서를 신학적으로 분류하면 히브리어 성경 기준에 따라 '성문서(聖文書)'에 속한 룻기와 에스더를 제외하고, 일반적으로 '신명기 역사서'와 '역대기 역사서'로 구분한다. 두 역사서는 기록 연대가 다를 뿐 아니라 각각의 시대 상황에 맞는 신학적 주제를 설명하기 위해 서로 다른 문체와 표현을 사용하고 있다.

먼저 이 두 역사서에 관하여 개략적으로 살펴본 후, 현재 우리가 읽고 있는 구약성경 순서에 따라 12권의 신학적 주제를 언급하고자 한다.

1. 신명기 역사서

'신명기 역사서'는 요시야 왕이 발견한 율법책(왕하 22장), 즉 원신명기(신 12~26장)의 영향을 받아 연속적인 신학적 흐름을 가진 문서를 지칭한다. 여호수아, 사사기, 사무엘상·하, 열왕기상·하가 이에 속한다. 신명기 역사서는 이스라엘 민족과 연관한 역사적 사건을 나열하거나 소개하기 위해 기록한 것이 아니다. 역사에 직접 개입하시는 하나님을 소개하며 이스라엘 백성의 회개와 순종, 그리고 이를 통한 하나님의 구원을 강조한다.

기원전 587년 유다 왕국 멸망 이후의 신학을 담고 있는 신명기 역사서의 가장 중요한 주제는 '왜 이스라엘은 하나님께서 약속하고 허락하신 땅에서 추방되었는가?'이다. 이에 대하여 이방 신들을 숭배하고 여호와의 율법과 규례를 준수하지 않았기 때문이라고 답한다. 이 주제는 하나님만을 경외하며 여호와의 율법과 규례에 대한 순종을 말하는 신명기 12~26장의 주제와 동일하고, 하나님이 가나안 정복에 앞서 여호수아에게 처음으로 말씀하신 내용(수 1:7~8)과도 동일하다. 이후 이스라엘 백성에게 이방 신들을 버리고 오직 여호와만을 섬길 것을 명령하는 여호수아의 유언(수 24:14~15), 솔로몬에게 전한 다윗의 유언(왕상 2:2~3), 이스라엘 백성에게 바알이 아닌 여호와만을 선택할 것을 촉구하는 엘리야의 명령(왕상 18:21) 등에서도 확인된다. 이와 같이 신명기 역사서를 움직이는 두 개의 축이, 이방 신에 대한 종교적 배타성과 우상 숭배를 금하는 십계명 제1, 2계명에 대한 실질적인 적용이라는 사실도 확인할 수 있다.

신명기 역사서는 이를 무시한 북왕국(왕하 18:12)의 멸망을 경험했음에도 불구하고 하나님에 대한 불성실한 태도를 뉘우치지 않은 남왕국(왕하 22:17)에게 동일하게 하나님의 심판을 적용한다. 이를 통해서 두 왕국의 멸망과 예루살렘 성전 파괴의 원인이 하나님이 아닌 이스라엘 백성에게 있음을 분명히 한다.

이와 같은 신학적 주제와 함께 신명기 역사서에는 다양한 개별적 이야기들도 함께 언급된다. 예를 들면 왕국 시대 이전에 존재했던 사사들의 무용담(사사기), 다윗 왕위 등극사(삼상 16:1~삼하 5:5), 다윗 왕위 계승사(삼하 9~20장, 왕상 1~2장)와 같은 정치적인 주제를 담고 있는 본문도 존재한다. 여기에 친왕정적인 견해(삿 18:1, 19:1, 21:25), 반왕정적인 견해(삿 9:7~20, 삼상 8:7), 그리고 하나님께서 사무엘을 통해 사울과 다윗을 선택했기 때문에 인정해야 한다는 중립적인 견해(삼상 9~11장, 16:1~13) 등 왕정에 대한 다양한 신학적 판단도 확인할 수 있다.

이 밖에도 신명기 역사서에서는 왕 이외에 중요한 위치를 차지하고 있는 다른 무리를 확인할 수 있다. 이들은 하나님의 직접적인 역사 개입을 대신해 왕과 이스라엘 백성이 하나님 앞에서 올바른 길을 걷도록 지도했던 예언자들이다. 이들은 하나님을 대신한 심판자인 동시에 돌이키고 회개할 것을 촉구한 경고자(왕하 17:13)였다.

2. 역대기 역사서

19세기 이후 많은 구약학자들은 역대상·하, 에스라, 느헤미야가 역사 서술에 있어서 신학적 연관성을 지니고 있다는 사실에 주목했다. 그리고 역대하 마지막 부분(대하 36:22~23)과 에스라 첫 부분(스 1:1~3)에서 공통적으로 언급된 고레스 칙령에서 직접적인 연관성을 찾았다. 지금까지도 이견이 존재하지만, 일반적으로 구약학자들은 아담부터 포로기까지의 이스라엘 역사를 다룬 역대상·하와 이후의 시대를 서술한 에스라와 느헤미야를 합쳐서 '역대기 역사서'라고 칭한다. 이 용어는 라틴어 성경 『불가타』의 역자 히에로니무스가 '하나님의 역사에 관한 모든 연대기'라고 지칭했던 역대상·하와 연관이 있다.

역대기 역사서에 속한 4권의 책을 저작 순서로 나열했을 때 에스라, 느헤미야가 역대상·하보다 앞에 위치한다는 사실에는 대부분의 신학자들이 동의한다. 그러나 에스라와 느헤미야의 활동 연대와 저작 순서에 관한 논의는 지금까지도 우세한 의견이 없을 정도로 여전히 논란의 대상이다. 아닥사스다 제위 7년을 에스라의 활동 연대로 언급한 본문(스 7:7)이 이러한 논란을 야기한다. 만약 아닥사스다 1세라면 기원전 458년을, 아닥사스다 2세라면 기원전 398년을 의미한다. 이에 반해 느헤미야의 활동 시기는 일반적으로 아닥사스다 1세 제위 20년인 기원전 445년으로 인정받는다. 결국 에스라의 활동이 느헤미야 활동 전인지 후인지에 관한 논쟁으로 인해 에스라와 느헤미야의 편집 연대에 관한 논쟁은 지금까지 진행 중이다. 하지만 역대기 역사서 전체적으로 직접적인 헬레니즘의 영향을 확인할 수 없기 때문에 학자들은 기원전 4세기 중반 이전에 기록되었을 것이라는 의견을 지지한다.

신명기 역사서와 마찬가지로 역대기 역사서에서도 이스라엘의 불순종과 이방 신 숭배로 인한 이스라엘의 멸망과 땅의 소유권 상실은 하나님의 징계를 의미한다. 하지만 역대기 역사서는 여호와만을 섬기고 회개하면 구원의 기회를 얻게 됨을 강조한다. 이에 대한 예로 므낫세 왕은 신명기 역사서에서는 유다 멸망의 원인으로 지목되지만(왕하 21:16), 역대기 역사서에서는 회개의 모범으로 소개된다(대하 33:10~13).

예언자들의 역할에 관심을 보였던 신명기 역사서와 달리 역대기 역사서는 예루살렘 성전에서 중요 역할을 감당하는 제사장과, 성전을 관리하고 성가대 임무를 감당했던 레위인의 역할(대상 15:2, 느 11:15~24)에 관심을 보인다.

그리고 동일한 신학적 흐름과 함께 역대상·하와 에스라, 느헤미야 사이에 분명한 차이점도 확인된다. 무엇보다 이방인에 대한 정책에서 확실한 차이를 보인다. 역대상·하에서는 이방인과의 결혼에 관하여 최소한 부정적이지 않으며(대상 2:3, 대하 2:13~14), 반(反) 사마리아 정서도 확인할 수 없다. 이는 북왕국 출신 이스라엘 백성이 히스기야의 유월절 절기에 초대되었다는 사실에서 확인할 수 있다(대하 30장). 그러나 에스라(9~10장)와 느헤미야(13:23~29)는 이스라엘 민족의 정체성 문제와 직접적인 연관이 있는 이방인과의 결혼에 지극히 부정적이다. 또한 성전 재건을 방해한 사마리아인들에 대해서도 결코 호의적이지 않았다(스 4장). 여기에 덧붙이면 에스라와 느헤미야는 역대상·하와 달리 옛 다윗 왕조에 관하여 무관심하다.

3. 12권 역사서의 개략

(1) 여호수아

여호수아의 지휘 아래 가나안 땅을 차지하기까지 이스라엘이 경험한 전쟁과 갈등, 실패 등의 다양한 내용들이 기록돼 있다. 이를 통해 이스라엘이 정복할 땅은 이스라엘 백성과 하나님을 밀접하게 연결시키는 중요한 신앙 매개체임을 확인시킨다. 이는 여호수아의 유언(23장)에서 확인할 수 있듯이, 하나님의 규범과 규례의 준수 여부에 달려 있다. 이를 준수하면 그 땅을 소유하고 지킬 수 있지만, 어기면 땅을 상실하는 하나님의 심판을 받는다는 것이다. 이러한 공식은 왕국이 들어선 이후에도 동일하게 적용된다.

또 한 가지 중요한 주제는 여호와만을 섬길 것을 요구하는 십계명 제1계명에 근거한 타 종교와 이방 신에 대한 종교적 배타성이다. 이는 여호수아의 마지막 유언에서 확인할 수 있다(23:7~8,14~18).

(2) 사사기

여호수아 사후에 정복한 가나안 땅을 지키려는 과정을 기록하고 있다. 소유한 땅을 유지하는 방법은 여호수아와 마찬가지로 하나님과의 관계를 올바르게 유지할 때 가능하다. 그러나 사사기에서 확인할 수 있는 이스라엘의 모습은 타락과 범죄의 연속이었다. 이로 인해 하나님은 지속적으로 이방 민족을 통해 이스라엘을 심판하셨고, 동시에 회개를 촉구하셨다. 이에 응답한 이스라엘 백성을 하나님은 사사들을 선택해 구원하셨다. 이 같은 하나님의 구원과 심판의 역사는 왕정이 등장하기 전까지 약 200년 동안 반복되는데, 이를 다음의 도식으로 표현할 수 있다(2:11~23).

이스라엘의 범죄와 타락 ⋯› 하나님의 심판 ⋯› 이스라엘의 부르짖음과 회개 ⋯› 하나님의 구원 ⋯› 이스라엘의 재차 범죄와 타락

또한 사사기는 이후에 등장할 왕정에 대한 서로 다른 신학적 평가, 즉 요담의 우화(9:8~15)를 통해 전해지는 부정적인 평가와 '왕이 없었을 때(17:6, 18:1, 19:1)' 불미스러운 사건이 발생했다는 사실을 강조함으로 왕정에 대한 긍정적 평가를 동시에 내린다.

(3) 룻기

룻이라는 모압 여인의 삶을 통해 인간을 향한 하나님의 변함없는 사랑과 이에 대한 인간의 신실함 같은 신앙적인 주제(1:8, 2:20)를 강조하고 있다. 이스라엘 출신인 남편을 잃은 룻은 시어머니 나오미를 따라 베들레헴으로 떠날 것을 결심한다. 이때 "어머니의 백성이 나의 백성이 되고 어머니의 하나

님이 나의 하나님이 되시리니(1:16)."라고 한 룻의 신앙고백은 어떤 힘든 상황에서도 항상 선한 결과로 이끌어 주신다는 하나님의 섭리를 전제한다. 이러한 하나님의 섭리는 하나님의 직접적인 개입이 아닌 룻의 남편이 된 보아스를 통해 증명된다.

룻기의 신학적 주제는 룻과 보아스를 통하여 하나님께서 신뢰하시는 인물인 '다윗'의 계보로 이어지고, 다윗을 통하여 오실 '메시아'를 준비한다.

(4) 사무엘상·하

사무엘 탄생 이야기와 그의 활약상으로 시작하는 사무엘상 초반부(삼상 1~8장)는 이스라엘에게는 생소한 왕정이라는 정치 제도의 탄생에 관한 신학적인 진술이다. 후기 청동기 시대에서 철기 시대로 전환되는 시점(삼상 13:19~22)에 이스라엘 백성은 주변 국가들처럼 왕이 통치하는 새로운 정치 체계를 원한다(삼상 8:5). 그러나 이러한 요구는 하나님의 직접 통치에 대한 거부이자 하나님의 주권에 대한 도전이라는 신학적 판단을 받는다(삼상 8:7).

그럼에도 불구하고 하나님은 마지막 사사이자(삼상 7:15~17) 예언자(삼상 9:9)였던 사무엘을 통해 이스라엘 최초의 왕으로 사울(삼상 9~11장)을 허락하신다. 하지만 사울의 두 가지 잘못(삼상 13:1~14, 15:1~31)으로 인해 하나님은 그를 폐위시키고, 베들레헴 이새의 막내아들인 다윗(삼상 16:1~13)을 새 왕으로 선택하신다. 다윗은 최초의 통일 왕국의 왕이 되어(삼하 2:4, 5:3), 유다의 중심인 예루살렘을 정복(삼하 5:6~9)하고 그곳에 언약궤를 안치함으로(삼하 6장) 예루살렘 성전 건축을 준비한다.

(5) 열왕기상·하

다윗의 왕위 계승, 남·북왕국의 분열, 앗수르에 의한 북왕국의 멸망, 바벨론에 의한 남왕국의 멸망, 이어지는 포로기 생활, 그리고 여호야긴의 석방까지 약 400년에 걸친 광대한 역사를 다루고 있다. 그 중간에 다윗이 준비하고 솔로몬이 봉헌한 예루살렘 성전에 광야 시대와 사사 시대의 종교적 상징이었던 언약궤를 안치한다. 이를 통해 예루살렘 성전은 하나님이 허락하신 유일한 중앙 성소의 지위를 부여받는다(왕상 6~8장). 이러한 이유로 베델과 단에 또 다른 제단을 건축한 여로보암의 행위(왕상 12:29)는 한 개인의 죄를 뛰어넘어(왕상 14:16) 북왕국의 멸망을 결정짓는 주요 원인(왕하 17:21)이 되고 말았다.

또한 바알을 숭배하고 하나님의 율법과 규범을 준수하지 않은 북왕국의 행동은 하나님께서 약속하신 땅의 상실, 즉 왕국 멸망의 원인이 되었다는 신랄한 신학적 비판을 받는다(왕하 18:12). 이와 달리 남유다는 히스기야(왕하 18:3)와 요시야(왕하 22:2) 같은 하나님 앞에서 온전한 왕들을 통해 종교 개혁을 단행하기도 한다. 그러나 남유다 역시 북왕국과 같은 동일한 잘못으로 하나님의 진노를 받고 멸망당한다(왕하 24:20).

(6) 역대상·하

아담에서부터 포로기까지의 역사를 다루는 역대상·하는 이스라엘 초대 왕 사울과 그의 가족에 대한 비교적 자세한 설명(대상 8:33~40, 9:35~10:14)을 제외하고, 대체로 북왕국 왕들의 기록은 생략한 채 남왕국 왕들에 초점을 맞춘다. 그러나 본질적으로는 사무엘상·하, 열왕기상·하의 내용과 평행을 이룬다.

신학적으로는 재건된 예루살렘 성전의 권위와 이를 중심으로 새롭게 시작하는 종교 공동체의 삶의 방향을 제시하려는 분명한 의도를 확인할 수 있다. 이를 위해 성전 중심의 예배(대하 7:1~3)와 율법 규정에 따른 성전 제의(대상 23~26장) 준수 등이 강조되었다. 또한 성전 제의와 연관된 초막절(대하 7:8~10)과 유월절(대하 30장, 35장) 같은 순례 절기들도 핵심적인 주제로 언급된다. 이 밖에 종교 개혁을 이끈 왕들 중 신명기 역사서에서는 간략히 언급되었던 아사(대하 14~16장)와 여호사밧(대하 17~20장)이 비교적 상세히 기록되었다는 것 역시 성전 중심의 종교생활을 강조하려는 의도로 해석할 수 있다.

세속적 왕정을 반(反) 신정 통치 제도로 해석했던 신명기 역사서와 달리, 이상적인 왕 다윗과 솔로몬의 왕권을 하나님의 집과 나라로 동일시함으로써(대상 17:14) 세속적인 왕권에 대한 반감을 상당 부분 제거한다. 왕들의 부정적인 이미지를 생략 또는 새롭게 재해석하는데, 예를 들면 다윗의 과오에 대해 침묵하면서 이와 연관된 '밧세바'를 '밧수아'라는 이름으로 변경하는 식이다(대상 3:5).

(7) 에스라

느헤미야와 함께 기원전 6세기와 5세기경에 재건된 예루살렘 성전을 중심으로, 지금의 유대인이라고 불리는 새로운 여호와 신앙 공동체의 역사를 기술한다. 대표적인 주제는 유다 민족의 정체성과, 신앙 공동체가 믿는 종교의 정체성에 관한 답을 제공해 주는 것이다. 그리고 또 다른 주제는 '신정정치'라는 용어로 대변할 수 있는 제사장 중심의 신적 통치다.

유다 백성의 귀환과 예루살렘 성전 재건을 약속한 고레스 칙령(1:1~4)으로 재건 공사를 시작했지만(3:8~13), 상당 기간 지연되었다(4:24). 그러다 성전 재건을 허락했던 고레스의 칙령이 발견되고, 다리오 왕은 재정적 지원(6:6~12)과 함께 공사를 다시 허락한다. 기원전 515년 마침내 예루살렘 성전을 완공함으로 제2예루살렘 성전 시대가 열린다.

한편 성전 재건 사업이 세스바살, 스룹바벨, 예수아와 같이 포로생활에서 돌아온 사람들, 소위 '사로잡혔던 자의 모임(10:8)'에 의해 주도적으로 추진되었기 때문에 유다 본토에 남았던 소위 비주류는 에스라의 관심 대상이 아니었다.

(8) 느헤미야

느헤미야의 '1인칭' 회고록(1:1~7:5, 12:27~43, 13:4~31)이라는 형식으로 예루살렘 성벽의 재건 과정이 비교적 상세하게 기록되어 있다. 느헤미야의 업적으로는 종교 개혁뿐 아니라 공의의 하나님을 강조함으로써(9:8,17,33) 사회 개혁을 주도했다는 점을 꼽을 수 있다(13장). 느헤미야는 자신의 능력이 아닌 하나님의 선한 도우심으로 인해 모든 계획이 순조롭게 진행되었다는 사실을 고백한다(2:1,20, 5:16, 13:22). 이를 통해 새로운 이스라엘 공동체를 이끌 하나님은 변함없이 '여호와'라는 사실(9:6~7)을 강조한다.

느헤미야는 무엇보다 율법 준수와 말씀 중심의 예배를 강조한다. 이는 에스라가 초막절 절기 7일 동안 율법책을 백성 앞에서 낭독하고 이를 준수할 것을 명령함으로써 백성들의 회개를 이끌었던 사건을 통해 확인할 수 있다(8~9장).

(9) 에스더

바사 아하수에로 왕 시대를 배경으로, 이방 땅에 거주한 디아스포라 유다 사람들이 겪은 위기가 모르드개와 에스더의 삶을 통해 투영되고 있다. 수산 궁에서 일하는 친척 모르드개의 양녀가 된 에스더는 이후 바사의 왕비로 선택받는다(2:5~18). 하지만 두 사람은 유다 사람이라는 사실을 숨기고 살아갈 수밖에 없었다(2:10). 이후 모르드개는 이스라엘 민족의 원수인 아각(아말렉) 사람 하만이 자신을 포함하여 유다 사람들을 몰살시킬 음모를 꾸민다는 사실은 알게 되고, 에스더로 하여금 왕에게 청원할 것을 권유한다. 에스더는 자신의 목숨을 걸고 왕에게 직접 고하고, 그녀의 청원을 받아들인 왕은 모략을 꾸민 하만을 처형하고 유다 사람들을 구원한다. 유다 사람들은 이날을 기념하여 지금까지 '부림절'로 지킨다.

전체적으로 십계명 제1계명을 준수하려는 모르드개(3:2, 5:9)와 민족을 위해 죽음을 무릅쓴 에스더(4:16)에 초점을 맞추어 전개되는 듯하지만, 실상은 세계사 속에서 한 민족의 운명에 직접 관여하시는 하나님의 인도하심과 숨겨진 섭리를 이야기하고 있다.

02

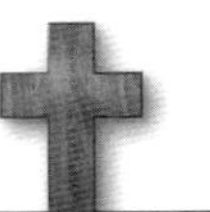

구약 | 예언서

1. 예언서에는 어떤 책이 속하는가?

구약성경은 다음과 같은 순서로 분류한다.

① **오경**(근본·기초) : 창세기, 출애굽기, 레위기, 민수기, 신명기 (5권)

② **역사서**(과거) : 여호수아, 사사기, 룻기, 사무엘상·하, 열왕기상·하, 역대상·하, 에스라, 느헤미야, 에스더 (12권)

③ **지혜서/시가서**(현재) : 욥기, 시편, 잠언, 전도서, 아가 (5권)

④ **예언서**(미래) : 이사야, 예레미야, 예레미야애가, 에스겔, 다니엘, 호세아, 요엘, 아모스, 오바댜, 요나, 미가, 나훔, 하박국, 스바냐, 학개, 스가랴, 말라기 (17권)

예언서는 대예언서와 소예언서로 구분한다. 이사야, 예레미야, 에스겔 3권은 '대예언서'에 속하고, 호세아~말라기의 12권은 '소예언서'라고 부른다. 대예언서와 소예언서의 구분은 예언자의 능력이나 역할에 따른 것이 아니라 책의 분량에 따른 것이다.

예레미야 애가는 예루살렘 멸망에 관한 슬픈 노래지만, 예레미야의 것으로 간주되어 현재의 위치에 자리 잡았다. 그리고 히브리적 전통은 다니엘을 탁월한 지혜교사로 평가하고 있지만, 신약성경은 다니엘을 예언자로 등장시키고 있다(마 24:15).

2. 예언자는 누구인가?

'예언자는 누구인가?'라는 질문과 관련하여 가장 널리 인정받고 있는 주장은 독일 신학자 예레미야스(J. Jeremias)의 입장이다. 그는 예언자를 의미하는 히브리어 명사 '나비(nabi)'의 어원을 아카드어 '나비움(nabium)'에서 찾는데, 이 단어는 '부름 받은 자'라는 뜻을 지닌다. 즉 예언자의 본질은 하나님에게 부르심을 받은 자라는 것이다. 예언자는 스스로 세상 이치를 깨닫거나 신비로운 지식을 습득해서 사람들에게 그 비밀을 알려 주는 자가 아니다. 하나님이 불러주셔서 하나님의 말씀을 세상에 외치는 사명을 받은 자라는 말이다.

예언자의 본질과 관련해 기억해야 하는 두 번째 내용은 예언자의 사명 또는 역할과 관련이 있다. 예언자라는 히브리어 단어는 구약성경에서 총 209번 등장하는데, 70인역은 이 단어를 '프로페테스(προφήτης)'로 번역했다. 영어로 예언자를 '프로펫(Prophet)'이라고 하는 이유도 여기서 비롯되었다.

헬라어 '프로(προ)'에는 두 가지 뜻이 있다. 하나는 시간적 의미인 '미리, 먼저'라는 뜻으로, 앞을 내다보고 미리 말하는 자로 정의할 수 있다. 이때는 한문으로 '미리 예(豫)'를 사용하여 예언자(豫言者)라고 표기할 수 있다. 다른 하나는 공간적 의미인 '~앞에'라는 뜻으로, 예언자를 '백성들 앞에서 하나님 대신 말하는 자'로 정의할 수 있다. 이때 예언자는 하나님의 대언자가 되고, 한문으로는 '맡길 예(預)'가 된다. 즉, 예언자(預言者)가 되는 것이다.

3. 예언자는 어떻게 분류되는가?

(1) 단체 예언자

사무엘서를 읽어 보면, 이스라엘에 왕국이 도입되던 즈음에 여러 번에 걸쳐 집단으로 등장하는 예언자 그룹이 있는데, 이들을 '단체 예언자'라고 한다. '예언자의 제자들' 혹은 '예언자 무리'는 이들을 칭하는 단어로, 예언자 집단의 일원을 의미한다. 사무엘은 예언자 무리의 수령이었다(삼상 10:5~6, 19:18~24). 분열 왕국 시대에도 그들의 활동은 계속되었다.

엘리사에게도 '예언자의 제자들'이 있었는데, 그들은 실로, 여리고, 길갈, 벧엘 등과 같은 전통적인 성소에서 집단생활을 하며 예언 활동을 했다(왕하 2:3,5,15, 4:1,38, 6:1~7). 이들은 주로 시골에서 땅을 경작하면서 생활했고, 백성들이 바알 종교에 물들지 않고 하나님을 섬기도록 신앙적으로 지도했다. 단체 예언자들은 필요에 따라 기적을 행하고 때로는 정치적인 사건에도 개입하면서 하나님의 정의로운 역사를 이루어 나가는 데 크게 일조했다(왕하 9:1~37).

(2) 성전 예언자

예언의 주된 행위가 성전에서의 제의와 밀접히 관련된 자들을 '성전 예언자'라고 칭한다. 제사장과 성전 예언자의 역할 분담에 대해서는 정확히 알 수 없지만, 성전 예언자는 국가 절기 때 왕국의 건강한 미래를 보증하는 역할을 주로 수행했던 것으로 보인다. 성전에서는 제사장 그룹에 종속돼 있었고, 왕궁의 관료직에 소속되었다.

이들은 현실에 안주하면서 왕국의 권력에 아부하는 모습을 많이 보였기에 자주 비판의 대상이 되었다(미 3:11, 사 28:7~8, 렘 2:8). 일부 성전 예언자는 하나님의 말씀을 거짓 선포하여 백성들을 혼란에 빠뜨렸다.

(3) 왕궁 예언자

'왕궁 예언자'는 왕을 보필하면서 하나님의 통치 이념을 전달하여 왕정 제도를 안정시키는 것을 예언 활동의 1차 목표로 하였다. 왕궁 예언자는 왕궁에서 발생하는 중대 사건에 참여하여 하나님의 말씀을 전달하는 임무를 맡았다. 예를 들면 왕위 등극, 왕족의 결혼, 국가적인 축제나 위기 상황, 전쟁 등의 사건 때에 하나님의 말씀에 기초하여 왕국의 안녕과 평안을 지켜주고 불행을 방지하기 위해 활동하였다. 또한 왕의 정치 활동에 적극 자문하면서 깊이 개입하였다.

성전 예언자와 결정적인 차이점이 있는데, 그것은 왕에게 좋은 말만 전한 것이 아니라 경우에 따라서 하나님이 주신 쓴소리를 가감 없이 선포했다는 점이다. 미가야(왕상 22:1~28), 훌다(왕하 22:14~20), 나단(삼하 7, 12장), 갓(삼하 24장)이 대표적인 왕궁 예언자에 속한다.

(4) 문서 예언자

자신의 이름으로 된 예언서를 남긴 이들을 '문서 예언자'라고 부른다. 예를 들면 예언자 이사야의 예언은 이사야서에 수록되어 있다. 아모스, 호세아, 예레미야도 같은 경우다.

문서 예언자는 이스라엘 역사에서 매우 중요한 족적을 남겼다. 이들은 다른 예언자들에 비해 백성의 운명과 관련해 훨씬 영향력 있게 활동했고, 죽음을 각오하며 왜곡된 사회 구조와 체제를 강력히 비판했다. 그런 이유로 대부분 왕과 상류층에게 인정받지 못했고, 핍박과 멸시를 받으며 고난과 외로움의 삶을 살아야 했다. 이러한 이유로 문서 예언자들의 삶을 '순교의 역사'라고 정의하기도 한다.

문서 예언자의 예언 운동은 '말씀 운동'이었다. 그들의 예언이 책으로 남겨지기는 했지만, 기본적으로 그들은 하나님의 말씀을 듣고 선포하는 자들이었다. 즉 하나님의 말씀에 완전히 사로잡힌 자들이었다. 그들은 하나님 말씀의 대리인이자 전달자였고, 선포하는 하나님의 사자였다. 그들은 역사의 위기 상황에서 갑자기 부름을 받고 등장하여 하나님의 말씀을 선포했다.

또 그들은 구약성경의 종교가 단순히 제사 종교가 아니라 고차원적인 윤리와 도덕을 요구하는 종교라는 점을 밝혀냈다. 하나님은 악행과 불의가 동반된 제사를 싫어하시며, 언제나 정의와 선행을 동반한 순종을 요구하시는 분임을 선포했다는 점에서 제사 종교의 허구성을 고발했다(호 4:1~3, 암 5:4~13).

4. 참 예언자와 거짓 예언자는 어떻게 다른가?

거짓 예언자들은 이스라엘 역사에서 많이 등장했는데, 백성들은 이들의 달콤하고 거짓된 선포에 쉽게 넘어갔다. 거짓 예언자들은 참 예언자들을 박해하고 고소하고 공동체에서 추방하기도 했다.

문제는 참 예언자와 거짓 예언자를 구분하기가 쉽지 않다는 것이다. 그래도 성경은 참 예언자와 거짓 예언자를 구분하는 몇 가지 기준을 제시하고 있다.

(1) 예언 활동이 경제적인 이득에 종속되어 있는가의 여부

하나님의 말씀이 무엇인가에는 관심이 없던 거짓 예언자들은 예언 활동을 통해 경제적인 이득을 취하려고 했다. 그들의 예언은 사람들에게서 얻어 낼 수 있는 경제적인 이득에 의해 결정되었다. 거짓 예언자는 물질적인 도움을 얻을 수 있다면 무조건적인 평강을 외치면서 사람들에게 인기를 얻으려고 시도했다(미 3:5).

(2) 도덕성과 윤리성의 문제

예레미야는 예루살렘의 많은 거짓 예언자들이 간음, 거짓, 악행 등을 행함에 가슴을 치며 통곡했다(렘 23:14). 한마디로 거짓 예언자는 윤리적으로 타락한 자들이었다. 그들은 성적으로 타락하고 부도덕한 삶을 살면서도 부끄러운 줄 몰랐다. 이와 다르게 참 예언자는 거룩한 일상을 살아가는 데 게으르지 않았음을 알 수 있다. 그들은 세속의 유혹 속에서도 '거룩과 정결의 생활화'를 실천했다(레 19:2).

(3) 소명(召命)의 체험 여부

참 예언자는 하나님의 부르심을 받고 말씀을 받아 선포하는 자인 반면, 거짓 예언자는 스스로 예언자가 되어 자신의 말을 전하는 자다. 참 예언자는 자신의 뜻과 반대될지라도 하나님이 부르시면 순종하며 사역에 임했다. 반대로 거짓 예언자는 하나님이 부르시지 않았음에도 부름을 받은 것처럼 위장했다(렘 23:21).

(4) 일상적인 삶의 태도 문제

거짓 예언자의 삶은 오만과 자만, 방종과 불손으로 가득 차 있었다. 그들은 하나님 앞에서 겸손하지 않았으며, 백성들을 하나님의 자녀로 생각하지 않았다. 오히려 자기들의 이용 수단으로 간주하며 무시했다. 예레미야는 거짓 예언자를 "거짓과 헛된 자만으로 내 백성을 미혹하게 하는 자(렘 23:32)"라고 평가했다.

(5) 예언의 성취 여부

거짓 예언자의 예언은 성취함도 없고 효력도 없다(신 18:22). 선포된 예언이 성취되지 않는다면 그 예언은 가짜다. 실제로 왕국 시대에 활동했던 거짓 예언자들은 하나님께서 유다와 이스라엘을 결코 멸망시키지 않을 것이라며 거짓된 메시지를 선포했다. 이들의 예언과 달리 하나님은 죄악과 악행에 물든 유다와 이스라엘을 멸망시키셨다.

5. 시대별 예언자들과 주요 메시지

(1) 이사야·호세아·아모스·미가

이사야, 호세아, 아모스, 미가는 기원전 8세기에 활동한 예언자들이다. 이들이 활동했던 시기는 이스라엘 예언 역사상 최고의 황금기라고 할 수 있다. 이사야와 미가는 남유다 출신인데, 이사야는 예루살렘에서, 미가는 모레셋에서 활동했다. 호세아는 북왕국 출신의 유일한 문서 예언자로, 사마리아와 벧엘에서 예언을 선포했다. 아모스는 남유다에 속한 드고아 출신이지만, 북왕국에서만 활동한 특이한 이력을 가지고 있다.

이 네 예언자의 공통점은 당시 사회 지배층을 향해 하나님의 심판을 외치고, 나아가 왕국의 멸망을 선포했다는 점이다. 이들 예언의 핵심은 사회적 정의와 공의의 심각한 훼손으로 인한 왕국의 멸망이었다. 이들은 하나님께서 밝은 미래를 약속하고 계시다는 무조건적인 희망과 축복을 선포하지 않았다. 오히려 가진 자들과 높은 자들의 횡포와 악행이 피할 수 없는 국가적 재난으로 이어질 것이라는 위협의 메시지를 전했다.

(2) 요나

요나서는 하나님의 말씀을 담은 예언서라기보다 '예언자 요나의 삶 이야기'라고 정의할 수 있다.

요나가 선포한 예언은 3장 4절에 기록된 단 한 절뿐이다. "40일이 지나면 니느웨가 무너지리라." 요나의 단 한마디의 설교를 듣고 니느웨 사람들은 회개하고 참회하였다(욘 3:5~10). 요나서는 하나님의 구원의 은혜는 선택받은 백성에게만 국한되어야 하며 이방인은 멸망해야 한다는 유대인들의 민족주의적이고 배타적인 구원관을 수정한 책으로, 이방인 선교를 위한 획기적인 복음서라고 평가할 수 있다.

(3) 예레미야·나훔·하박국·스바냐

예레미야, 나훔, 하박국, 스바냐는 기원전 7세기 예언자들에 속한다. 네 명은 모두 남유다에 속한 예언자들로, 이들이 활동했던 시대는 전쟁의 소용돌이 속에서 극심한 혼란을 겪으며 망국의 위기에 처한 암울한 상황이었다.

예레미야는 예루살렘이 불에 타고 남유다가 바벨론의 느부갓네살에 의해 참혹하게 멸망당하는 장면을 목격했고, 후에는 애굽으로 끌려가 그곳에서 일생을 마감했다. '눈물의 예언자'라는 별명을 지닌 예레미야는 불행한 시기에 태어나 눈물로 점철된 삶을 살았던 예언자다. 그는 남유다의 운명이 외교 정책의 성공 여부에 달려 있는 것이 아니라, 오직 여호와 하나님의 손에 붙잡혀 있다는 사실을 선포했다.

나훔은 단 하나의 주제에 초점을 맞추고 있는데, 당시 메소포타미아 지역을 지배하고 있던 제국 앗수르(아시리아)를 향한 하나님의 심판에 대한 것이었다. 하박국은 남유다의 멸망 직전 예루살렘 성전에서 일하던 직업적인 예언자로 인정되는데, 그의 활동 연대는 앗수르가 몰락해 가고 바벨론 제국이 흥왕하기 시작한 기원전 7세기 말부터 느부갓네살이 통치했던 기원전 6세기 초까지로 어림잡을 수 있다. 나훔과 하박국은 대제국 앗수르의 횡포와 억압을 고발했다는 점에서 공통점을 지닌다. 하지만 나훔은 앗수르의 패망으로 인해 남유다가 해방과 구원을 입게 될 것이라는 기대와 희망을 다루는 반면, 하박국은 앗수르의 압제로 인해 발생한 삶의 고통과 신앙의 회의에 대해 논하고 있다. 나훔서를 '찬양의 시'라고 본다면, 하박국서는 '탄식의 시'라고 말할 수 있다.

스바냐는 왕족 출신으로 예루살렘에서 활동한 예언자다. 남유다와 예루살렘을 향한 하나님의 심판을 선포하면서 백성의 회개를 촉구했다. 스바냐는 지도층의 불의와 악행을 고발하고, 종교적인 타락과 우상을 섬기는 백성의 불신앙적인 태도에 대해 질책했다.

(4) 에스겔·오바댜·학개·스가랴

에스겔, 오바댜, 학개, 스가랴는 기원전 6세기 예언자들에 속한다.

에스겔은 예루살렘 제사장 출신인데, 기원전 597년 바벨론의 예루살렘 침공 시에 다른 지도층 인사들과 함께 바벨론으로 끌려갔으며(왕하 24:16~17), 그곳에서 기원전 593년경 예언자로 소명받은 것으로 보인다. 에스겔은 그발 강가의 델아빕에서 30세의 나이에 하나님의 부르심을 받았다. 그는 22년여 동안 바벨론에서 예언자로 활동했는데, 네 번의 주요한 환상을 체험해(겔 1:3, 8:1, 37:1, 40:1) '환상의 예언자'라는 별칭을 가지고 있다.

오바댜는 왕국의 멸망과 예루살렘 파괴라는 엄청난 시련을 겪은 유다 백성에게 하나님의 회복의 계획을 선포한 희망의 예언자였다. 그는 바벨론 포로로 끌려가지 않고 잿더미가 된 유다 땅에 남아 백성과 함께 생활하면서 예언 활동을 했다. 당시 남유다를 배신했던 에돔을 향한 하나님의 심판과 예루살렘의 회복을 예언한 성전 예언자였다.

학개는 바벨론 포로에서 돌아온 이스라엘 백성이 성전을 건축하는데 결정적인 역할을 한 인물이다(스 5:1, 6:14). 그는 기원전 520년 8월 29일부터(학 1:1) 같은 해 12월 18일까지(학 2:20) 총 112일 동안 예언 활동을 했다. 학개의 예언은 예루살렘 성전을 새롭게 건축하자는 한 가지 주제에 맞춰져 있었다. 대내외적인 어려움 때문에 성전 건축이 지연되고 있을 때, 성전 건축을 독려한 예언자가 바로 학개다(학 1:8). 학개는 폐허가 된 예루살렘이 가난과 고통에서 벗어나고 하나님의 영광이 임하는 도시가 되기 위해서는 가장 먼저 하나님이 거주하시는 성전을 건축해야 한다고 선포하였다.

제사장 출신인 스가랴는 바벨론에서 귀환한 인물로, 학개와 함께 예루살렘 성전 건축을 위해 힘쓴 예언자다. 그는 기원전 520년 11월부터 기원전 518년 12월 7일 사이에 활동한 것으로 보인다(슥 1:1, 7:1). 스가랴는 학개보다는 두 달 늦은 시기에 활동을 시작했지만, 2년 더 길게 활동했다. 스가랴서는 12 소예언서 가운데 가장 긴 책으로, 14장 211절로 되어 있다. 내용적으로는 가장 난해한 소예언서에 속하는데, 묵시문학처럼 상징적인 단어들(붉은 색 말, 자주색 말, 흰색 말, 네 뿔, 등잔대, 올리브나무, 두루마리 등)이 자주 등장하기 때문이다.

이런 점에서 스가랴서는 예언문학에서 묵시문학으로 넘어가는 과도기에 위치한 책이라고 할 수 있다. 스가랴서는 묵시문학적인 성격을 지닌 동시에, 그 전의 예언서들처럼 죄와 악에 대한 하나님의 심판을 통해 새로운 시대의 도래를 전하는 이중적인 모습을 보여 주고 있다.

(5) 요엘·말라기

기원전 5세기 이후의 예언자들로는 요엘, 말라기가 있다.

요엘이 강조했던 메시지는 이스라엘 땅에 임한 메뚜기 재앙과 땅의 황폐화(욜 1:1~2:27)는 백성의 죄악에 대한 하나님의 심판이라는 것이다. 메뚜기 재앙은 우연히 발생한 자연재해가 아니라 하나님이 계획적으로 보내신 심판 재앙이며, 이 재앙은 하나님의 최종적인 심판이 아닌 더 큰 심판의 날을 경고하는 예비적인 사건임을 강조한다. 그래서 이스라엘 백성에게 마음을 찢는 회개와 금식과 기도를 촉구한다(욜 2:12~15). 마지막 '여호와의 날'은 크고 무서운 날이며, 세계의 모든 열방을 심판하시는 무시무시한 날이 될 것이라고 선포하고 있다(욜 2:28~3:21).

구약성경의 마지막을 장식하는 말라기는 매우 특별한 책이다. 현 위치에서 구약과 신약을 연결시키는 다리 역할을 담당하고 있다. 말라기서는 성전이 재건(기원전 520~515년)된 이후의 상황과 관련이 있으며, 유다 지역이 바사(페르시아) 총독에 의해 통치되고 있음을 암시한다(말 1:8). 당시 유다 사회는 두 가지의 심각한 사회 문제를 안고 있었는데, 그것은 다음의 내부적인 문제였다.

첫째, 유대인들의 종교적 열심이 식었다는 것이다. 당시 유대인들은 두 번째 성전을 건축하면 하나님의 복과 영광이 바로 임할 것이라고 생각했다. 그러나 기대와 달리 가시적인 변화는 일어나지 않았다. 그러자 하나님의 존재에 대해 회의를 품기 시작했고(말 2:17), 신앙의 회의는 곧바로 십일조 헌금을 게을리 하는 현상으로 이어졌다(말 3:7~12).

둘째, 유대인 남자들과 이방 여인들 사이의 혼혈 결혼이 사회적 혼란을 초래했다. 이방 여인과 결혼하기 위해 유대인 아내를 내쫓거나 강제로 이혼하는 경우까지 발생하면서 유대인 사회는 불안정했고 뒤숭숭했다. 이러한 이유로 말라기서는 이혼 문제와 혼혈 결혼에 많은 관심을 보이고 있다(말 2:10~16). 심지어 제사장 가정에서도 혼혈 결혼이 이루어지는 경우가 발생했는데, 이러한 악습은 예언자 말라기의 무서운 질타를 받을 수밖에 없었다. 이방인들과의 결혼은 도덕성 약화를 초래했고, 모세 율법과 하나님을 향한 예배 문제에 심각한 혼란과 부작용을 유발했기 때문이다.

03

신약 | 복음서

1. 복음과 복음서

'하나님의 복음' 혹은 '그리스도의 복음'은 하나님과 그의 아들 예수 그리스도가 복음의 내용이라는 뜻이다. 처음에 사도들은 구원에 관한 기쁜 소식인 복음을 구전으로 선포했다. 그런데 시간이 흐르면서 입으로 전하는 복음이 변질되기도 하고 이단들이 악용할 소지도 보이자, 문서로 기록하는 형식을 갖추게 되었다. 사도들이 선포한 구원의 복음을 내용으로 한 문서 형태를 복음서라고 한다.

신약성경에는 저자, 기록 시기, 기록 의도가 다른 네 개의 복음서가 있다. 네 복음서의 제목은 그 복음서를 기록한 저자들이 붙인 것이 아니라, 2세기 무렵 교회에 의해 붙여졌다. 학자들의 연구에 따르면, 제일 먼저 기록된 복음서는 마가복음이다(소수의 학자들은 마태복음이 먼저 기록되었다고 주장하기도 함).

복음서는 예수님의 출생과 세례, 공생애 출현으로 시작해 십자가에서의 죽음과 부활로 끝난다. 공생애 중간에는 예수님의 활동에 관한 각종 지리적, 역사적 상황과 내용이 기록돼 있다. 그러나 이러한 전기(傳記)의 성격은 복음서의 외형적인 틀에 지나지 않는다. 중요한 것은 역사적 인물인 나사렛 예수의 활동과 가르침을 통하여 예수님이 하나님의 아들, 주님, 그리스도로서 영원히 살아 계심을 믿고 영원한 생명을 얻게 하려고 기록되었다는 것이다. 각 복음서마다 상황과 내용과 표현이 조금씩 다를 수는 있으나, 모든 복음서가 기록된 목적은 동일하다. 그것을 가장 잘 보여 주는 것은 마가복음 1장 1절과 요한복음 20장 31절이다.

초대 교회 때 네 개의 복음서만 기록된 것이 아니다. 그 외에도 잘 알려진 도마복음, 유다복음, 베드로복음 등 더 많은 복음서들이 기록되었다. 그런데 이들 중에서 네 개의 복음서만 신약정경에 수록되었다. 정경 복음서를 선택한 가장 중요한 기준은 사도성이었다. '사도가 기록했는가' 하는 형식적인 차원뿐 아니라, '그 내용이 사도들이 선포한 복음에 부합하는가' 하는 내용적인 차원도 고려되었다. 그런 기준 등을 적용하고 여러 절차를 거쳐 AD 367년에 교부 아타나시우스에 의해 네 개의 복음서를 포함한 27권의 문헌이 신약정경으로 확정된 후에 대체로 모든 교회가 이를 인정하기에 이르렀다. 그 뒤 AD 397년 카르타고 공의회에서 신약 27권이 정경으로 공식 최종 승인되었다.

2. 공관복음과 요한복음

신약성경의 처음 세 개의 복음서 곧 마태복음, 마가복음, 누가복음을 공관복음이라 하여 함께 묶는다. '공관복음'이라는 말은 예수님의 생애와 활동을 공통적인 시각과 구조로 보는(共觀) 복음서라는 뜻이다. 여기에 포함되지 않는 요한복음은 예수님의 생애와 활동을 공관복음과는 조금 다르게 설명한다. 네 개의 복음서들에서 공통적인 것은 예수님의 수난과 부활 이야기다.

공관복음은 동일한 구조와 순서로 예수님의 공생애를 기록한다. 세례 요한의 등장 ⋯→ 예수님의 시험 ⋯→ 갈릴리 활동 ⋯→ 예루살렘으로 여행 ⋯→ 예루살렘에서 활동 ⋯→ 죽음과 부활 등의 순서로 이루어졌다.

그러나 큰 틀에서는 일치하나 구체적인 내용에서는 차이가 있다. 예수님의 족보나 출생 이야기가 마가복음에는 없다. 부활하신 예수님의 현현 기록도 마태복음 28장과 누가복음 24장을 비교해 보면 상당한 차이가 있다. 마가복음에는 없고, 마태복음과 누가복음에만 공통적으로 나오는 예수님의 말씀이 많다. 예를 들면 세례 요한의 설교는 마가복음에 없고, 마태복음 3장 7~10절과 누가복음 3장 7~9절에 거의 비슷한 듯하면서도 다르게 나타난다. 또 어느 한 복음서에만 나오는 말씀들도 많다. 마태복음 25장 31~46절, 마가복음 4장 26~29절, 누가복음 19장 1~10절 등은 다른 복음서에는 없고 오직 해당 복음서에만 나온다.

공관복음에는 상호 차이점보다 공통점이 더 많지만, 공관복음과 요한복음을 비교해 읽어 보면 공통점보다는 차이점이 더 많다. 하나의 예를 들어보자. 예수님의 예루살렘 여행은 모두 유월절 절기를 지키기 위한 것이었다. 유월절은 일 년에 한 번 열리는데, 공관복음에 의하면 공생애 동안 예수님은 딱 한 번 예루살렘에 가서 유월절 절기에 참석하고 체포되어 처형된다. 그러나 요한복음에서는 예수님이 유월절을 지키러 세 번이나 예루살렘을 여행하고, 마지막 여행에서 체포되어 처형된다. 우리가 예수님의 공생애를 3년이라고 하는 것은 요한복음에 근거한 것이다. 만일 공관복음에 근거한다면 예수님의 공생애는 일 년 이상을 넘어가지 않을 것이다.

왜 이러한 차이가 생겨났을까? 이 질문에 대한 답은 두 가지 측면에서 찾아야 한다. 먼저 자료의 문제다. 저자들이 복음서를 기록하면서 활용한 자료의 차이 때문에 그러한 현상이 생겨난 것으로 본다. 그리고 이보다 더 중요한 것이 있는데, 그것은 복음서 저자들의 기록 의도다. 기록 의도는 각 저자들과 처음 독자들이 처해 있는 다양한 역사적 상황과 관련이 있다. 복음서 저자들의 의도는 역사적인 사실을 있는 그대로 정확하게 전달하는 것이 아니었다.

다양한 상황에 처해 있는 인간(성도)들에게 영원히 살아 계신 하나님과 그의 아들 예수 그리스도를 선포함으로써, 그들로 하여금 하나님과 예수 그리스도를 믿게 하려는 것이 복음서 저자들의 의도였다(요 20:31).

복음서들은 예수 그리스도를 과거 한때에 살았던 한 인간으로 전하지만, 거기에서 멈추지 않는다. 그때에도, 지금도, 그리고 영원히 살아 계셔서 죄인을 구원으로 인도하는 하나님의 아들, 예수 그리스도를 전한다. 그러므로 복음서들에 나타난 다양한 차이들은 삶의 여러 상황에 처해 있는 우리들이 예수 그리스도를 만날 수 있도록 하는 풍요함이다.

3. 마태복음

AD 125년경에 살았던 교부 파피아스는 유대인으로서 세리였다가 예수님의 제자가 된 사도 마태가 이 복음서의 저자라고 했다. 파피아스의 말에 의거해서 사도 마태가 저자라는 전통이 생겨났고 복음서의 제목이 되었다. 그리고 나중에 교회사에서 제자(사도) 마태와 동일시되었다.

마태복음이 기록될 당시 마태 공동체는 이스라엘(회당)과 대립하고 있었다(10:17~18, 23:34). 마태복음에서 예수님은 바리새인들과 서기관들의 위선적인 행동(6:1~18, 23:1~36)에 맞서서 더 나은 의를 행할 것을 제자들에게 요구한다(5:20~48, 6:9.10b, 12:50, 15:4, 18:14, 19:3~9, 21:31). 마태복음은 이방인 선교를 당연시했고(28:18~20 외 특히 12:21, 13:38a, 24:14, 26:13), 하나님의 뜻을 실천하라는 예수님의 말씀을 다른 복음서들보다 더 많이, 더 강하게 전하고 있다(7:21, 12:50, 21:31).

첫 번째 사도인(10:2) 베드로는 제자들의 대변인으로(15:15, 18:21) 나타난다. 베드로를 교회의 토대로 돋보이게 하며, 오직 그만이 매고 푸는 권위를 갖는다(16:18~19). 다른 복음서에 없는 마태복음만의 이러한 말씀이나 강조점은 복음서가 기록될 당시의 교회 상황을 반영한다.

마태복음은 예수님의 공생애를 갈릴리 활동 ⋯▸ 예루살렘 여행 중의 활동 ⋯▸ 예루살렘 활동 ⋯▸ 십자가 처형과 부활이라는 구조로 말한다. 이러한 기본 구조를 바탕으로 확대되었는데, 족보(1:1~17), 탄생 이야기(1:18~25), 2장의 유년기 기록 등이 서두의 확대 부분이다. 복음서의 마무리에서 마태는 무덤 이야기와 현현 이야기들을 전한다. 마태복음의 절정은 부활하신 예수님이 제자들에게 나타나 선교의 명령을 내리는 부분이다(28:16~20). 마태복음은 예수님의 말씀을 다섯 개의 큰 덩어리로 묶어 전하는데, 구분하면 5~7장 산상설교, 10장 파송 설교, 13장 천국 비유 설교, 18장 교회생활에 관한 설교, 23~25장 종말 심판에 관한 설교다.

그리고 마태복음이 전하는 예수 그리스도의 복음은 다음과 같다.

① 예수님은 하나님에게서 하늘과 땅의 권세를 받은 우주의 주권자로, 믿는 사람들과 영원히 함께 계시는 분이다(28:16~20).

② 예수님은 보통 사람들처럼 역사의 한순간을 구체적인 장소에서 사셨던 인간이었다. 복음서의 앞과 뒤에 괄호처럼 사용된 '임마누엘(1:23, 28:20)'은 예수님에 대한 두 가지 차원(하나님/인간)을 묶어서 말한다.

③ 예수님은 구약성서에 예언되고 유대인들이 기다리던 메시아다. 1장에 나오는 족보, 특히 1~2장의 탄생과 유년 시절 이야기의 곳곳에 나오는 구약성서의 인용이 그것을 말한다(1:23, 2:6,15,18, 3:3).

④ 예수님은 하나님의 뜻을 분명히 드러낸 위대한 선생이다. 예수님만이 구약성서의 하나님의 뜻을 정당하게 찾아내고 해석할 수 있다. 그러므로 예수님의 말씀을 반드시 지켜야 한다.

⑤ 예수님은 믿는 자들에게 사랑의 실천을 요청하신다. 율법의 권위 있는 해석자이며 선포자인 예수님이 해석하고 선포한 하나님의 뜻은 사랑이다. 사랑의 최고치는 원수 사랑이다. 예수님은 사랑의 실천 여부에 따라서 종말 심판의 결과가 결정된다고 하신다(13:36~43,47~50, 16:27,

25:31~46 등).

4. 마가복음

마가복음의 저자는 전통적으로 베드로의 통역사였던 요한 마가(행 12:12)라고 알려져 있으나, 마가복음 자체는 저자에 대해 전혀 언급하지 않는다. 마가복음의 신학적 경향은 베드로보다는 바울의 십자가 신학에 가깝다.

마가복음은 주로 이방인 그리스도인들을 위하여 기록된 복음서다. 갈릴리에서 일어난 예수님의 선포는 이방인들에게도 이르렀고(5:1~20), 예수님의 능력 있는 행위에 관한 소식은 이방인 지역에까지 미쳤다. 이방인들 가운데 행한 예수님의 활동은 의도적으로 유대인의 제의 규정들을 무시했다(7:1~23). 이방 여인의 치유(7:24~30)와 귀 먹고 말 더듬는 사람의 치유(7:31~37), 4천 명을 먹인 사건(8:1~10)은 유대교의 '정결 규정'을 넘어서는 원리를 해설한다. 대다수의 유대인들은 예수님을 믿지 않은 데 반하여, 이방인들은 하나님의 아들이신 예수님을 받아들였다. 유대인들이 가지고 있던 구원사적인 특권이 이방인들에게로 넘어간다(12:9). 제자들도 아니고 유대인도 아닌 로마인 백부장이 예수님의 십자가 아래에서 예수님이 하나님의 아들이라고 최초로 고백한다(15:39). 이처럼 이방인이 중요하게 나타나는 것은, 이 복음서가 주로 이방인에게 읽혀지도록 기록되었다는 증거라고 할 수 있다.

마가복음이 처음으로 예수님의 공생애 활동 영역을 갈릴리 ··· 예루살렘을 향한 여행 ··· 예루살렘, 이 세 지역으로 구분했다. 갈릴리는 예수님이 기적을 통해 자신을 드러낸 장소고, 예루살렘은 그 반대로 예수님이 거부당하고 죽임을 당한 장소다. 예루살렘에서 행한 예수님의 단 하나의 기적은 무화과나무를 저주하여 말라 죽게 한 것인데(11:12~14,20~21), 이는 자신을 거부한 예루살렘(이스라엘)의 운명을 예고한다. 이처럼 예루살렘을 구원의 중심으로 보는 유대교의 구원 사상을 바꾸어, 마가는 구원이 유대인들에게서 이방인들에게로 넘어가는 것을 강조한다(12:1~12).

마가복음의 구조와 신학을 드러내는 뼈대는 총 네 구절(1:1, 1:9~11, 9:7, 15:39)이다. 1장 1절은 복음서 저자가 예수 그리스도는 하나님의 아들이라고 하고, 1장 9~11절과 9장 7절에서는 하늘의 음성이 예수님을 하나님의 사랑하는 아들이라고 선언한다. 15장 39절에서는 인간으로는 처음으로 이방인 백부장이 십자가에서 죽어가는 예수님을 보고 하나님의 아들이라고 고백한다.

하나님의 아들이라는 예수님의 본질이 십자가에서의 죽음으로 인간에게 밝혀졌다. 십자가 외의 다른 곳에서는 예수님의 본질이 진정으로 드러나지 않는다. 십자가 사건 이전에도 예수님이 베푼 기적을 보고 그가 누구인지를 고백하는 마귀나 사람들은 있었지만, 그것은 진정한 고백이 아니었다(1:25, 34, 3:12, 5:43, 7:36). 마가복음은 예수님이 하나님의 아들이라는 것을 알기 위해서는 기적 행위들로는 충분하지 않다고 한다. 15장 39절에서 로마인 백부장이 십자가에서 죽어가는 예수님을 보면서 "이 사람은 진실로 하나님의 아들이었도다."라는 바른 고백을 처음으로 한다. 십자가에서 비로소 예수님이 하나님의 아들이라는 사실이 밝혀진다. 그래서 마가복음의 신학을 '십자가의 신학'이라고 한다.

예수님은 제자들에게도 십자가의 길을 요구한다. 예수님은 제자들이 자신의 '길'을 실천적으로 뒤따르기를 바란다(8:34~9:1). 마가복음에서 예수 그리스도를 따르는 제자가 된다는 것은 자기 십자가를 짊어지고 예수님의 뒤를 따른다는 의미다.

5. 누가복음

누가복음과 사도행전의 저자는 동일한 사람이다. 두 문헌의 저자는 전통적으로 사도 바울의 선교 동역자였던 의사 누가로 알려졌다(몬 1:24, 골 4:14, 딤후 4:11). 그런데 근래 들어 이러한 견해에 의문을 제기하는 이들이 많다. 저자는 수준 높은 헬라어 구사 능력과 역사에 관한 깊은 지식을 소유한 사람이었다. 1장 2절에서 저자는 자기 자신에 이르기까지 초대 교회의 역사를 세 단계로 말한다. 그것은 목격자이며 말씀의 일꾼 된 자들(제1세대) ···▸ 제1세대의 증인들에게서 듣고 저술하려고 붓을 든 많은 사람들(제2세대) ···▸ 저자 자신(제3세대)이다.

누가복음의 저자가 1세기 말의 제3세대 기독교인이라면, 그의 복음서를 읽는 독자들도 마찬가지다. 누가복음은 제3세대 기독교인들에게 예수 이야기를 들려줌으로써, 처한 상황을 극복하고 믿음의 승리를 하도록 돕기 위하여 기록되었다. 그렇다면 제3세대 기독교(AD 90년 무렵)가 처해 있었던 상황은 무엇이었을까?

① 예수님의 임박한 재림 기대가 무산된 것이 이 시대의 가장 큰 신앙적인 문제였다. 누가복음은 마가복음 9장 1절의 임박한 기대에 관한 말씀을 수정하고(9:27), 므나의 비유에 앞서 19장 11절의 해설을 첨가해 임박한 재림에 대한 기대를 누그러뜨린다. 그렇다고 누가복음이 예수님의 재림에 대한 기대 자체를 포기한 것은 아니다. 예수님이 불확실한 시간에 오시기 때문에(12:40, 17:24, 26~30, 행 1:7), 항상 인내하고(8:15) 깨어 있을 것(12:35 이하, 21:34~36)을 가르친다.

② 명망 있는 사람들과 재력가들이 교회로 들어오면서(행 17:4, 18:8) 부유한 사람과 가난한 사람 사이에 갈등이 일어났다. 그리하여 돈과 소유에 대한 바른 자세를 중요시하게 되었다(3:11, 행 2:45, 행 4:34~37). 예수님은 부의 문제(12:13~34, 16:1~31)에 대해 가르치면서 삶의 의미는 소

유에 있지 않고, 이익을 추구하고 돈 욕심을 부리는 것은 하나님의 뜻에 합당하지 않음을 강조한다. "이와 같이 너희 중의 누구든지 자기의 모든 소유를 버리지 아니하면 능히 내 제자가 되지 못하리라(14:33)."

③ 교회가 로마 제국 안에서 교세를 확장해 가자, 국가와 교회의 관계가 중요한 문제로 부각됐다. 누가복음과 사도행전은 로마 제국을 향하여 예수님과 기독교의 무해성을 강조한다. 그래서 로마 군인들이 예수님에게 폭력을 가하는 내용(막 15:16~20)이 누가복음에는 없다. 로마의 총독은 세 번에 걸쳐서 예수님의 무죄를 확인하고(23:4,14~15,22), 그의 석방을 찬성한다.

누가복음(그리고 사도행전)은 하나님이 인류를 구원하려고 계획하신 역사, 곧 구원의 역사를 세 단계로 구분한다. 누가복음 16장 16절, 사도행전 1장 8절, 사도행전 1장 11절 등이 하나님의 구원 역사를 '하나님의 창조에서부터 세례 요한에 이르는 이스라엘의 역사' ⋯▸ '예수 그리스도의 시대' ⋯▸ '예수님의 승천에서부터 재림 때까지 계속되는 교회와 선교의 시대'로 설명한다.

구약성경의 시대는 인류 구원을 약속하고 예언한 시대고, 예수님의 시대는 그 구원이 실현된 시대이며, 교회 시대는 예수님 안에서 실현된 구원 소식을 땅 끝까지 선교하는 시대다.

예수님 시대가 구원사의 중심 곧 구약성경이 예고한 구원의 실현이기 때문에, 앞으로 일어날 예수님의 재림의 때(하나님의 나라)는 전혀 알지 못하는 생소한 시대가 아니라 이미 예수님 안에서 경험했던 시대가 온전히 드러나는 것이다. 따라서 교회는 두 가지 사명을 감당하면서 예수님의 재림을 기다려야 한다. 먼저는 예수님 안에서 경험한 하나님 나라를 모든 족속에게 전파하는 선교의 사명을 감당해야 하고, 또 하나는 내부적으로 성도들 사이에 하나님 나라의 공동체를 이루어 가야 한다.

6. 요한복음

요한복음 21장은 이 일들을 증언하고 기록한 사람에 대해 '예수께서 사랑하시는 그 제자(21:20)'라고 밝히면서 "우리는 그의 증언이 참된 줄 아노라(21:24)."고 말한다. 여기서 '우리'라는 복수 표현은 요한 공동체를 말한다. 즉 요한복음 21장은 '우리' 곧 요한 공동체가 기록했다. '우리'가 진리로 알고 있는 '예수께서 사랑하시는 그 제자'의 증언은 요한복음 1~20장까지다.

예수님은 누구인가? 요한복음이 말하는 유일한 주제다. 서론(1:1~18)은 로고스(말씀) 노래를 통해 예수님이 세상 창조 이전부터 하나님과 함께 계시면서 창조에 동참한 신적인 본질을 가진 분이지만 인간이 되어 세상에 오셨다고 하고, 결말(20:30~31)은 복음서가 기록된 의도를 밝히면서 다시 한번 나사렛 예수가 하나님의 아들이라고 강조한다. 그 중간은 예수님이 하나님의 아들이라는 진리를 예수님의 각종 행위와 말씀을 통해서 밝힌다. 그 당시 사람들은 예수님에 대하여 상반된 반응(빛과 어둠/제자와 세상/믿음과 거부)을 보였다.

요한복음 기록 당시 요한 공동체에는 중요한 문제가 있었다. 예수님을 부정하고 교회를 박해하는 유대교 문제와 예수 그리스도의 성육신을 부정하는 공동체 내부 사람들의 문제였다. 하나님의 아들 예수 그리스도를 믿어야 영생에 이를 수 있는데(20:31), 이 진리를 거부하는 사람들이 당시 요한 공동체의 안팎에 있었다. 요한복음에서 예수님은 그들과 날카로운 논쟁을 한다.

나사렛 예수를 하나님의 아들로 믿지 않는 유대인은 하나님과 아브라함의 자녀가 아니다(8:33~40, 41~43, 45~47). 8장 44절은 그러한 유대인들을 마귀의 자식이라고까지 한다. 10장 8~10절이 말하는 도둑과 강도도 예수님을 하나님의 아들로 믿지 못하는 유대인을 일컫는다.

또 다른 논쟁의 대상자들은 교회 공동체 안에 있었다. 학자들은 이들을 가현설주의자(假現設主義者)들이라고 한다. 그들은 예수님이 살과 피로 된 육신을 입은 사람이 되었다는 사실을 부정하고, 단지 사람처럼 보였을 뿐 실제로는 영적인 존재였다고 주장했다. 요한복음 저자는 하나님과 함께 계시던 말씀이 육신이 되었다고 말함(1:14)으로써 가현설주의자들의 주장을 정면으로 반박한다. 사람이 되신 하나님의 아들이 짊어진 십자가는 고난과 구원의 장소다(19:28~30).

사람 예수님이 하나님의 아들이라는 본질을 밝히기 위해서 요한복음은 로고스(말씀) 노래로 시작한다(1:1~18). 예수님이 행한 모든 기적은 예수님의 본질을 밝히는 '표적'이고, 예수님도 직접 "나는 …이다."라는 말을 일곱 번이나 하면서 자신의 신적 정체성을 밝힌다. "나는 생명의 떡이다(6:35,48)." "나는 세상의 빛이다(8:12)." "나는 양의 문이다(10:7,9)." "나는 선한 목자다(10:11,14)." "나는 부활이요 생명이다(11:25)." "나는 길이요 진리요 생명이다(14:6)." "나는 참 포도나무다(15:1)."

그리고 "나의 주님이시요 나의 하나님이시니이다(20:28)."라는 도마의 고백을 통하여 최종적으로 예수님이 하나님의 아들이라는 도장을 찍는다. 예수님을 직접 만난 사람만 예수님의 진정한 정체를 안다. 제자들, 니고데모, 사마리아 여인은 예수님을 만나고서 예수님을 알았다. 예수님이 부활 승천하셔서 더 이상 함께하지 못하게 되면서는 오로지 보혜사 성령을 통해서만 예수님이 하나님의 아들이라는 사실을 알 수 있다(14:16~17,26, 15:26~27, 16:7~15). 보혜사는 성령의 형태로 오신 또 다른 예수님이기 때문이다. 성령이 아니고는 누구도 예수님을 하나님의 아들로 고백할 수 없다.

04

신약 | 요한서신

1. 요한문헌의 언어적 특징

신약성경에는 바울의 이름으로 기록된 문헌이 13개, 요한의 이름으로 기록된 문헌이 5개가 있다. 전자를 통칭해 '바울서신'이라 부르고, 후자를 '요한문헌' 혹은 '요한문서'라고 한다. 이 문서 그룹들을 처음 기록하여 후대에 남겨 준 이들을 '바울학파(바울 공동체)'와 '요한학파(요한 공동체)'라고 부르기도 하는데, 이를 '교파'라는 말로 바꾸어 부를 수도 있다.

요한문헌에 특별히 자주 사용되는 단어들이 있다. 공관복음 전체에서 10번만 사용된 '진리'가 헬라어 원문 요한문헌에서는 60회(요한복음 40회, 요한서신들 20회)나 나온다. '세상'은 요한문헌에서 101회(요한복음 78회, 요한서신들 23회) 사용되지만, 공관복음 전체에서는 13번밖에 사용되지 않는다. 하나님을 '아버지'라고 부르는 것도 요한문헌에서는 134회(요한복음 118회, 요한서신들 16회)지만, 공관복음 전체에서는 66회로 그친다. 반면 공관복음에 매우 자주 나오는 '복음을 전하다', '복음', '선포하다', '회개하다' 등의 표현이 요한문헌에서는 나오지 않는다.

이처럼 사용한 언어와 표현, 신앙 주제 등에서 요한문헌은 신약성경의 다른 문헌들과 확연한 차이를 드러낸다. 이러한 현상은 요한복음과 요한의 서신들이 공동의 신학적 분위기(하나의 신앙 공동체)에서 생겨난 문헌들이라는 사실을 말해 준다. 오늘날에 가톨릭과 개신교에서 사용하는 언어를 보면 금방 구분할 수 있는 것과 같은 맥락이다.

2. 요한서신들의 저자

요한2서와 3서에서 저자는 스스로를 '장로'라고 한다. 그러나 요한1서는 저자를 밝히지 않는다. 요한2서와 3서를 읽어 보면, 저자 '장로'는 요한 공동체 안에 있는 어떤 이들과 격렬한 싸움을 하고 있다. 요한2서와 3서가 싸움의 상황을 현재적으로 보여 준다면, 요한1서는 싸움이 정리된 후에 그 싸움을 되돌아보고 있다. 그러므로 요한2서와 3서가 거의 같은 시기에 먼저 기록되었고, 이어서 요한1서가 나중에 기록되었음을 알 수 있다.

AD 3~4세기에 살았던 교회 역사가 유세비우스에 따르면, 초대 교회에는 두 명의 요한이 있었다. 세베대의 아들 사도 요한과 장로 요한이다. 세베대의 아들 사도 요한이 죽은 후에 '장로' 요한이 요한 공동체를 이끌면서 요한2서와 3서를 기록했다고 알려져 있다. 요한1서도 이 '장로'가 기록했을 가능성이 크다.

3. 요한서신들의 수신자

요한1서는 수신자에 대해 말하지 않고, 요한2서는 "택하심을 받은 부녀와 그의 자녀들"이라고 밝히고, 요한3서는 "사랑하는 가이오 곧 내가 참으로 사랑하는 자"라고 말한다. 이들이 구체적으로 누구인지는 알 수 없다. 요한 공동체 안에서 함께 신앙생활 하는 사람들이라고만 추측할 수 있다.

4. 요한서신들이 기록된 동기

요한2서와 3서는 요한 공동체 안에 일어난 거짓 사상의 문제를 직접 다루고 있다. 요한3서 1장 9절의 '내가 두어 자를 교회에 썼다'는 언급은 요한2서를 두고 한 말이다. 요한2서와 3서가 간단히 말하는 거짓 사상에 대해서 요한1서는 더 상세하게 설명한다. 요한 공동체는 '장로' 요한의 가르침에 따라 신앙생활을 하면서 공동체 안과 밖에서 도전받는 문제들에 응답했다. 그러는 동안 공동체 안에 신학적 분열이 일어났고, 장로 요한은 요한3,2,1서를 차례로 기록하며 그러한 논란에 대처했다. 그 과정에서 공동체에서 떨어져 나간 사람들도 있었고, 잘못된 믿음의 길로 인도될 위기도 있었다(요일 2:26). 이에 저자는 성도들에게 처음부터 들어온 것을 마음에 간직할 것을 호소했다(요일 2:24).

거짓 교훈으로 교회를 혼란하게 한 대표 인물은 '디오드레베'라는 사람이다(요삼 1:9). 반대로 진리 안에 굳건히 서 있는 인물은 '가이오'와 '데메드리오'다(요삼 1:1,12).

앞에서 말한 요한문헌들의 언어나 표현의 공통적인 특성은 공동체 안에서 일어난 신학적 토론과 해석의 과정에서 생긴 것이다. 공동체 내부에서 생겨난 거짓 교사들은 예수의 성육신뿐 아니라 십자가 죽음, 육체의 부활 그리고 재림까지 부정했다(요일 2:19, 4:1~3, 요이 1:7). 이들의 주장은 나중에 영지주의로 규정된 이론과 매우 흡사한 것이었다.

5. 요한3서의 내용과 특징

요한문헌 중에서 제일 먼저 기록된 요한3서는 요한2서와 마찬가지로 저자를 '장로'라고 한다. '장로'는 오늘날 교회에 있는 직분으로서의 장로가 아니라, 공동체에서 지도적인 위치에 있는 나이가 많은 사람을 일컫는다.

요한3서의 수신자는 '사랑하는 가이오'라는 개인이다. 가이오는 '장로'가 사랑하고 신뢰한 인물로서 요한 공동체에서 중요한 지도자였다. 그리고 디오드레베는 장로와 맞서 거짓 교훈을 가르친 인물이다. 9절의 '으뜸 되기를 좋아하는' 자라는 비아냥거리는 표현으로 볼 때, 디오드레베는 공동체 안에서 상당한 지도력을 발휘하고 있었다고 추정할 수 있다.

어떤 연유에서인지는 모르나 장로가 잠시 요한 공동체를 떠나 외부에 있었던 것 같다. 그래서 장로가 수신자들(요한 공동체)에게 선교사들을 파송했는데, 가이오는 그들을 잘 영접했지만(1:5~8), 디오드레베는 그들을 환영하지 않았다(1:9~10). 디오드레베가 왜 장로가 보낸 사람들을 받아들이지 않았는지, 그 이유는 알려져 있지 않다. 아마도 요한1서와 2서에 논의된 거짓 사상과 연관 있을 것으로 추측할 수 있다. 장로와 디오드레베의 신학이 달랐고, 그래서 장로는 디오드레베의 신학을 방어하기 위해 요한3서와 2서를 기록한 것이다(요이 1:7~11). 저자 장로가 보낸 사람들 중에서 대표적인 인물이 데메드리오였고, 장로는 이 서신을 써서 가이오에게 그를 추천했다.

6. 요한2서의 내용과 특징

발신자는 '장로'이고, 수신자는 '부녀와 그의 자녀들'이다(1:1). 여기서의 '부녀'는 요한 공동체(교회)를 상징적으로 일컫는 말이고, '그의 자녀들'은 공동체에 속한 성도들을 일컫는다. 거짓 교사들의 등장 때문에 '장로'는 공동체와 성도들에게 이 서신을 기록해 보냈다. 거짓 교사들은 '예수 그리스도께서 육체로 오신 것을 부인하는 사람들'이다(요이 1:7과 요일 4:2 비교).

요한3서에 이어 요한2서는 거짓 교훈에 빠진 사람들에게 강력하게 대처할 것을 가르친다. 심지어 그들에게 인사하는 사람들도 거짓 교훈에 참여하는 것이라고 말한다(1:10~11). 거짓 교훈을 전파하는 자들과는 인사도 나누지 말라는 것이다. 그만큼 거짓 교훈이 요한 공동체 안에서 심각한 문제였음을 알 수 있다. 반면에 올바른 신앙을 고백하는 사람들에게는 사랑의 계명이 잘 실천되어야 한다고 가르친다(1:5~6).

7. 요한1서의 내용과 특징

요한1서에는 서신이라면 있어야 할 발신자나 수신자의 소개가 없고, 시작하는 기원의 말씀과 마무리하는 말씀도 없다. 그래서 요한1서를 서신으로 보기 어렵기도 하지만, '내가 너희에게 쓴다'라는 표현을 반복(2:1,7,12~14,26 등)하고 있는 것으로 보아 저자는 이 문헌을 써서 수신자들에게 보낸 것이다.

요한1서 저자는 자신에 대해 "아버지와 함께 계시다가 우리에게 나타내신 바 된 이(1:2)"를 목격한 증인이라고 한다. "우리에게 나타내신 바 된" 분이 생명의 말씀이다. 저자는 생명의 말씀을 보고, 듣고, 손으로 만졌다. 복음이란 구체적으로 체험할 수 있는 것이다. 복음은 추상적인 이데올로기나 종교적인 공상 혹은 단순한 이론적 가르침이 아니다. 구체적으로 보고, 듣고, 만질 수 있어야 한다.

저자는 자신을 비롯한 복음의 목격자들과 수신자들 사이에 복음의 교제가 있게 하려고 이 서신을 써 보냈다.

8. 요한서신들의 메시지

요한서신들의 신학적인 메시지를 결정지은 역사적인 배경은 요한 공동체 안에 나타난 거짓 사상이다. 거짓 사상을 따르고 가르치는 사람들은 모두 예전에 같은 공동체에 속한 사람들이었다(요일 2:19). 요한3서가 비난하고 있는 디오드레베가 그 대표적인 사람이었을 것이다.

거짓 사상의 핵심은 사람으로 오신 예수님을 하나님의 아들, 그리스도로 고백하지 않고, 오직 하늘의 그리스도만을 믿은 것이다(요일 2:22, 4:2~3, 요이 1:7). 그들은 하나님의 아들을 믿었지만, 그 아들이 사람의 육신으로 오신 것을 부정하고 영적인 차원의 존재로서만 그리스도를 인정하고 믿었다. 곧 성육신과 십자가의 죽음을 부정한 것이다. 이를 후대의 신학은 영지주의의 가현설이라고 부른다. 요한 공동체 안에는 이러한 거짓 사상을 따르는 사람들과 성육신과 십자가를 믿고 고백하는 사람들 사이에 치열한 싸움이 있었다. 이러한 싸움은 특히 요한2서(1:10~11)와 요한3서(1:5~12)가 분명하게 보여 준다. 결국 요한 공동체는 분열되었다. 전통적인 신앙, 곧 사람으로 사셨던 예수님이 하나님의 아들이시며 그리스도라고 고백한 사람들은 성육신과 십자가를 부정하며 거짓 교훈을 따른 사람들을 '적그리스도'라고 규정하였다.

거짓 사상과 그를 따르는 사람들에 맞서서 요한서신들은 두 가지를 가르친다. 하나는 육신으로 오신 예수님이 하나님의 아들이라는 신앙고백이고, 다른 하나는 형제 사랑이다. 요한1서는 전통적인 신앙고백이 확실한 진리라는 것을 거듭 강조하면서(1:1~4, 2:22~24, 4:2~3, 5:6~8), 거짓 사상의 등장은 종말의 징조라고 한다(2:18, 4:3). 이러한 확실한 신앙고백은 하나님 아버지와 그 아들 예수 그리스도와의 교제를 가능하게 할 뿐만 아니라, 저자와 성도들 상호간의 사랑의 교제를 나누는 토대가 된다(1:3).

하나님과 그 아들 예수 그리스도와 나누는 이러한 교제는 성도들의 형제 사랑 안에서 구체적으로 드러나야 한다. 형제 사랑의 본질과 토대는 하나님의 사랑이다. 하나님이 독생자 예수님을 세상에 보내셔서 십자가에서 죽게 하심으로 인간의 죄를 용서해 주신 것이 바로 근본적인 사랑이다(요일 4:7~12). 하나님이 먼저 우리를 사랑하셨으니, 그 사랑을 형제자매와 나누어야 한다(요일 4:19). 사랑을 이렇게 이해함으로써 영지주의의 가현설을 주장하는 사람들을 향해 치명적인 공격을 가할 수 있었다. 하나님의 아들이 사람이 되었다는 사실을 부정하는 가현설은 십자가에서 나타난 하나님의 사랑을 부정하는 것이기 때문이다.

예수 그리스도가 화목제물로 죽으심으로써 죄의 용서를 받은 그리스도인들은 "하나님은 사랑이시다.", "예수님은 하나님의 아들, 그리스도시다."라는 신앙을 고백한다. 이러한 신앙고백 안에서 성도들은 하나님과 그 아들 예수님과 사귐을 나누고, 다른 한편으로는 형제자매들 간에 서로 사랑을 나눈다. 이것이 진정한 교회와 성도의 모습이라고 요한의 세 서신은 가르친다.

05

기독교교육

1. 기독교교육이란 무엇일까?

기독교교육의 개념을 정의할 때, 먼저 '교육은 무엇인가?' 하는 질문에서 출발하게 된다. 교육은 살아가면서 필요한 다양한 내용들을 가르치고 배우는 과정으로, 삶의 체계 속에서 이루어지는 것이기에 생태학적인 차원에서 종합적으로 살펴보아야 한다. 즉 시대의 문화적·사회적·정치적·경제적 상황과 함께 변화를 위한 요구들을 반영해 실시하는 것이 한 시대의 교육이기에, 그 시대의 교육 상황과 시대 흐름, 특징들을 분석하는 일은 미래지향적인 교육을 설계하는 데 가장 기초가 된다.

그리고 인간은 태어나는 순간부터 다양한 영향력 속에서 성장한다. 가족, 또래집단, 학교, 교회, 문화, 복지, 사회 안전망 등 여러 영역과 체계가 한 사람의 발달과 성장에 영향을 미친다. 이러한 이유로 교육을 논의할 때 사회의 주요 이슈들과 시대 상황, 삶에 영향을 미치는 가정·교회·이웃·학교와 같은 요소들을 함께 고려하는 것은 통전적이고 체계적인 교육 과정 설계에 필수 요소다.

기독교교육의 현장은 전통적으로 가정·학교·교회·사회로 구분되어 설명되었고, 현대에는 인터넷과 같은 사이버 공간이 또 하나의 교육 공간이 되었다. 교육 과정은 각 장의 경험들이 통전적이며 유기적으로 상호 영향을 주고받으며 밀접하게 관련되어 있다. 그리고 이러한 교육의 장과 경험의 연관성을 설명하는 교육 체계가 교육생태계적인 접근이다.

교육에 있어서 생태학적 시스템을 반영한다는 것은 교육 현장 간의 유기적 소통과 상호 작용, 연대를 실제화하는 것이다. 교사가 학생을 이해하기 위해서는 가정과 가족에 대한 정보들을 기본적으로 아는 일에서 출발해 또래관계, 학교, 생활 등에 관심을 가지고 접근하는 것이 필요하다. 또 교육 과정에 부모들을 적극 참여시키고, 가정교육이 교회교육과 밀접한 연계를 가지도록 하는 것이 필요하다. 나아가 학습자를 지도할 때 그의 갈등과 위기 상황을 인지하여 구체적 고민들을 신앙적 가치관 안에서 풀어갈 수 있도록 돕는 실제적인 교육이 필요하다.

결국 기독교교육은 신앙적인 가치와 태도, 신념 등을 삶의 구체적인 장에서 실천하도록 돕는 체계적이고 논리적이며 의도적인 과정이라고 정의할 수 있다.

2. 실천을 위한 주요 주제

기독교교육 과정을 설계하고 실천하기 위해서는 몇 가지 중요한 교육적 주제를 살펴보는 것이 필요하다.

1) 신앙의 장으로서의 가정 회복

가정은 하나님이 창조하신 가장 본래적인 기구로, 하나님의 은총의 매개다. 하나님은 우리의 가정에서 기독교 신앙이 형성되고 성숙되도록 하셨다.

그러나 오늘날 많은 가정이 은총의 매개보다는 성공을 위한 경쟁을 부추기는 일에 더 충실한 것이 현실이다. 이러한 가정들이 본래적인 신앙 전수의 장, 인성과 인격 교육의 장, 돌봄과 위로와 격려의 장으로 회복될 수 있도록 돕는 일이 필요하다.

이를 위해서는 먼저 성인 교육에서 출발해 다음 세대로 교육이 이어지게 해야 한다. 그 대표적인 것이 부모 교육이다. 기독교교육의 시초인 히브리인들의 교육도 성인 교육에서 시작했다. 부모들은 하나님께 드리는 제사를 통해 하나님에 대한 믿음을 공고히 했고, 이는 자녀에 대한 절기 교육, 의례 교육, 훈육으로 자연스럽게 이어졌다. 절기 교육은 다음 세대에게 전통과 변화를 엮어 갈 수 있는 문화·사회적 고리를 만들어 주었으며, 부모 세대의 정신과 가치를 공유하는 중요한 교육 형식이 되었다.

현대사회의 가정은 다양한 형태로 존재한다. 조손가정, 한부모가정, 독신가정, 미혼모가정 등 여러 형태의 가정들을 바로 세워 갈 수 있는 접근이 필요하다. 또한 교육 차원을 넘어 이러한 가정들이 건강하게 지속되도록 공동체를 형성하고 그 안에서 신앙적 결속과 경험을 나눌 수 있는 신앙적 의미의 가정을 세워 가는 일도 필요하다.

또한 사회문화적 이해와 요구 속에서 가정의 역할과 개념에 대한 새로운 이해를 하는 작업이 필요하다. 우리나라의 경우, 급속한 경제 성장을 이루어 오면서 가정의 본래 기능인 돌봄의 기능과 결속력은 축소되고, 능력 있는 인재를 키우기 위한 사회화와 경쟁의 전초 기지로 변해 왔다. 고성장 저고용의 불안한 현실을 살아가는 다음 세대에게 경쟁의 압박에서 벗어나 따뜻한 돌봄과 관계가 있는 가정을 경험하게 하는 일이 중요하다. 동시에 신앙교육의 장으로서 교회가 가정을 지지하고 연대하는 작업이 필요하다.

앞서 말한 대로 신앙교육의 가장 원초적인 장은 가정이다. 아동·청소년이 교회에서 보내는 시간이 일 년에 약 40시간이라면 가정에서 보내는 시간은 약 3,000시간이다. 때문에 무엇보다 가정에서 신앙교육을 할 수 있도록 체계를 갖추어야 한다. 다시 말해 교회와 가정이 다음 세대의 신앙교육을 위해 협력하고 소통하는 구조를 갖추어야 한다는 것이다.

가정과 교회가 각각 교육적으로 고립되어 있을 때 발생하는 신앙교육의 폐해를 『싱크 오렌지』의 저자인 레지 조이너 목사는 다음과 같이 설명한다.

① 교회는 아이들의 삶에 더 큰 영향을 끼칠 수 있는 잠재력을 박탈당한다.
② 교회는 지역사회 내에 교회에 다니지 않는 부모들의 필요를 채워 줄 기회를 놓친다.
③ 지역사회는 교회를 제도적이고 고립돼 있으며 시대에 뒤떨어진 조직으로 계속 인식한다.
④ 피상적인 관계가 교회의 특징이 된다.
⑤ 공연이나 프로그램들이 문제의 해답으로 제시된다.
⑥ 부모들과 교회 리더들이 동시에 같은 진리를 가르치지 못한다.
⑦ 부모들이 영적 리더로서의 책임을 회피하거나 교회에 전가한다.

이러한 차원의 논의를 가장 잘 실천한 사례가 오렌지 교육이다. 오렌지 교육은 '노스포인트교회'의 사례를 가지고 체계화시킨 교육 이론이다. 교회가 영향력을 상실하고 가정이 본질을 잃고 있는 시점에서, 다음 세대에 효과적인 영향을 주기 위해서는 '교회와 가정이 힘을 합하고 뜻을 모아야 한다'는 것이 오렌지 교육의 핵심이다. 그리고 그 실천을 위해 다섯 가지 필수 요소를 제시한다.

① 전략을 통합한다. 가정과 교회가 두 영향력을 결합하여 시너지를 발생시킨다.
② 메시지를 정제한다. 이는 원 포인트(one point) 교육으로 설명할 수 있는데, 자녀와 부모가 교회 공동체에서 동일한 메시지를 배우고 그것을 가정에서 나누는 것이다. 구체적으로 교회의 어른 예배 때 선포하는 메시지와 어린이·청소년 예배 때 선포하는 메시지를 동일하게 하고, 어른들

이 자녀의 예배에 함께 참석하는 활동을 한 달에 한 번 진행하도록 설계하는 것이다.

③ 가정을 재활성화시킨다. 가정의 회복을 위해 교회가 교육하며 적극 돕는다.

④ 공동체를 강화한다. 사람들을 보살펴 주는 리더를 세우고, 모든 이가 리더가 있는 소그룹에 소속되어 보살핌을 받으며 연대감을 가질 수 있게 한다.

⑤ 영향력을 발휘하게 한다. 다음 세대들이 사역에 참여하는 기회를 지속적으로 만들어 교회 공동체와 지역사회를 위해 개인의 역량과 재능을 발휘하게 한다.

이러한 교육 체계를 통해 가정교육과 교회교육의 전략을 통합하고, 가정의 교육적 기능을 강화시키며, 세대와 세대가 연합하도록 돕는 것이 오렌지 교육의 전략이다. 가정을 신앙의 장으로 바로 세우는 교육 내용과 인프라 구축, 예배에 대한 신학적 체계 확립 등이 동시에 이루어져야 한다.

2) 신앙 정체성 형성을 위한 교회교육

마르틴 루터는 자기 책상 위에 '밥티자투스 숨(Baptizatus Sum)'이라는 말을 새겨 놓고, 고난의 순간마다 다음과 같이 읊조렸다고 한다.

"나는 세례받았다."

그에게 있어서 세례를 받았다는 의미는 고단하고 지난한 삶 속에서 하나님의 은혜로 살아간다는 고백이었고, 하나님의 조건 없는 사랑을 전적으로 고백하는 행위였다.

오늘날 극심한 개인주의와 경쟁주의 속에서, 또 불투명한 현실과 다중 격차의 위기를 겪고 있는 다음 세대들이 가장 먼저 공고히 해야 하는 것이 있다면 그것은 무엇일까?

그것은 고난과 위기 앞에서 절망하지 않고 극복하도록 돕는 '인간으로서의 정체성'과 '하나님의 자녀로서의 존귀성'을 상실하지 않는 것이다. 이것을 가능하게 하는 것이 바로 세례와 같은 기독교 의례와 공동체 속에서 함께 살아가는 연대 의식이다.

세례는 새로운 정체성을 가지고 새로운 존재로 태어나는 의식인 동시에 공동체와 하나 되는 연대적 체험이다. 그렇기에 어떤 의식보다 중요하다. 개인의 신앙 성장에 있어서 앎과 삶이 일치되는 전인적 경험과 통전성은 무엇보다 중요한데, 이러한 통전성과 연대감 형성에 중요한 역할을 하는 것이 바로 세례와 같은 의식이라는 연구에 주목해야 한다.

미국의 사회학자들이 장로교에 입교했던 성인 5백 명을 대상으로 조사를 한 적이 있다. 이 조사는 세례와 입교가 기독교인의 정체성 형성과 신앙적 연대감 생성에 어떠한 영향을 미치며, 그러한 세례의 교육적 효과가 후일 어떤 결과를 불러오는지 살펴보는 연구였다.

대상자 중 48%의 입교인들은 더 이상 교회에 다니지 않고 있었다. 연구자들은 모든 대상자와 '입교'에 대한 인터뷰를 실시했는데 인터뷰 결과는 명료했다. 교회에 남은 사람들이 경험한 입교는 전 교인들이 그를 위해 기도하고 축하하고 참여하며 그들의 신앙적 질문에 답하기 위하여 노력한 공동체적 경험이었다. 반면 떠난 사람들은 형식적인 입교 과정을 거쳐 신앙의 본질에 대한 질문들을 그 어디서도 받지 못했음을 알 수 있었다.

그럼에도 많은 교회들이 이러한 전통적 의례들을 다음 세대의 교육에서 간과하여 기독교만이 가지는 고유한 정체성을 상실하고 있다.

결론적으로 교회는 신앙교육을 위한 본래성을 회복하고 그것을 기반으로 가정과 마을과 소통하는 연대 차원의 실천들을 추구해 가야 한다. 교회가 지역의 삶에 적극 참여하고 동행하는 역할을 하면서, 가정과 교회와 마을이 다음 세대를 키우고 세우기 위해 서로의 담을 허물고 소통하는 공동체로 상호 존재하도록 해야 한다.

3) 기독교적 앎이 책임적 실천으로 이어지는 교육

기독교인으로서 예수의 제자 의식을 가지고 책임적인 삶을 살게 하는 방법은 바로 삶의 현장에서 실천할 수 있는 교육 과정을 설계하는 것이다. 예를 들면 하나님의 창조 세계를 배우면서 동시에 지구 온난화 문제와 지역 생태계의 문제에 대해 공부하고, 지역 공동체의 환경 보전을 위해 무엇을 할 수 있는지 고민하는 것이다. 그리하여 신앙인이자 지역 주민으로서 자기 삶을 성찰하고 구체적으로 실천할 수 있는 방법과 기회를 찾도록 하는 것이다.

이러한 구체적인 예는 한국 기독교 초기에서 찾아볼 수 있다. 1907년 평양 대부흥운동의 근거가 된 사경회의 성경공부 방식은 토론과 문답법이었다. 이러한 토론과 문답은 '조혼, 노비, 축첩' 같은 그 당시 사회 병폐들에 대한 신앙적 답을 찾고자 하는 노력들을 불러왔고, 그러한 과정을 거쳐 교회는 마을에서 영향력이 있고 실제로 사회를 변화시키는 역동체가 되었다.

나아가 마을 공동체의 일원으로서 교회는 마을을 향해 개방하고 마을 구성원들이 교회 안으로 자연스럽게 들어올 수 있게 해야 한다. 이러한 노력들이 곳곳에서 많이 이루어지고 있는 것을 본다. 교회를 다양한 학습 기관이나 갤러리로 개방하는 일들이 그것이다. 이처럼 지역 단체와 연계하여 주민들이 좀 더 수월하게 교회를 드나들도록 하는 적극적인 참여가 필요하다.

이것이 필요한 이유는 모든 교육은 교육 생태계 안에서 이루어지기 때문이다. 기독교교육학자 존 웨스터호프3세가 "교육은 공동체 안에서 이루어지는 문화화 과정"이라고 말한 것은 바로 이러한 맥락에서다. 교회가 공공 교육의 장으로 개방되는 것은 그 자체만으로도 기독교인의 지역 공동체 안에서의 삶과 다음 세대가 인식하는 기독교적 삶에 대한 인식 형성과 실천을 위한 중요 환경이 된다.

4) 가정과 교회 마을이 소통하며 연대하는 교육

"아이 한 명을 키우기 위해서는 마을 전체가 필요하다."는 격언이 있다.

기독교교육도 이와 다르지 않다. 기독교교육이 가정교육이나 교회교육으로만 한정되어서는 안 된다. 가정, 교육, 학교, 사회 등 전통적인 교육의 장들이 독립적이되 서로 협력하는 구조를 갖추어야 한다. 즉 가정, 교회, 마을이 협력하여 다음 세대를 키워 가도록 연대하고 소통해야 한다. 교회가 마을 공동체로 존재하는 것은 곧 지역 아이들을 교회가 함께 키워 간다는 소명의식과 책임감을 갖는 것이다. 이를 위해 먼저는 마을 공동체의 활동에 적극 참여해야 한다.

교회 사역의 다섯 가지 핵심 요소인 케리그마, 디다케, 레이투르기아, 디아코니아, 코이노니아 가운데 디아코니아는 봉사와 섬김을 의미하는데, 마을의 행정과 정치에 주도적으로 참여하는 것을 포함한다. 다양한 시민 단체에 가입하여 지역사회 발전을 위한 정책에 참여하고 여러 기관의 운영위원으로도 참여해 더 좋은 삶의 공간을 만드는 일에 적극 협력해야 한다.

이를 위해서 중요한 것은 타자에 대한 공감과 소통 능력이다. 선교신학을 기반으로 기독교교육론을 전개했던 레티 러셀(Letty M. Russell) 목사는 교회의 역할을 '모이는 교회'와 '흩어지는 교회'로 설명하면서 모이는 교회를 통하여 하나님의 음성을 듣고 그분과 대화하며, 흩어지는 교회를 통하여 마을의 소리에 귀 기울이며 소통하는 것이 기독교교육의 중요한 두 축이라고 설명한다. 모이는 교회와 흩어지는 교회로 존재하기 위한 교육, 타자성에 공감하는 태도, 소통을 위한 대화 능력 등은 지역 교회로서의 정체성을 실현해 가는 데 꼭 필요한 요소들이기에, 이러한 능력들을 함양하도록 교회가 교육하고 돕는 일이 필요하다.

이와 함께 대화 능력을 함양하기 위해 교회 안의 언어와 교회 밖의 언어를 구분해 사용하는 능력을 고취해야 한다. 교인들은 대부분 교회의 문화, 언어, 신앙적 표현에 익숙하나 교회 밖의 사람들은 그러한 표현이 매우 낯설다. 다양한 문화와 대화하고 소통하기 위해서는 교회 밖 사람들의 언어와 문화와 표현들을 상황에 맞춰 다각적으로 사용하는 능력을 갖추어야 한다.

결론적으로 가정과 교회와 마을의 연대는 다음 세대의 전인적이고 건강한 성장을 위해 필연적으로 갖추어야 할 교육 체계다.

하와이 카우아 섬에서 신생아 833명을 대상으로 18살이 될 때까지 추적한 대규모 연구를 진행한 적이 있다. 40여 년간의 연구 분석을 통해, 열악한 환경에서 자란 201명 중 3분의 1인 72명이 출생과 환경의 영향을 받지 않고 훌륭하게 성장한 원인을 밝혀 냈다. 그들에게는 공통적으로 어떤 상황에서도 그들을 믿어 주고 응원해 주는 누군가가 한 명 이상 있었다.

이 결과는 가족, 친구, 이웃 등 믿고 지지해 주는 사람이 있을 때 환경을 넘어서 훌륭하게 자랄 수 있다는 사실을 보여 준다. 이것은 아이들을 양육하는 데 가정과 교회와 마을이 연대성을 가지고 협력하는 일이 얼마나 중요한지 시사하는 바가 크다.

신앙적 앎이 삶으로 실천되도록 하는 기독교교육은 성경의 내용뿐 아니라 삶의 당면한 현실과 경험들까지 다루는 포괄적이며 전인적이고 통전적인 교육 과정이다. 그리고 예수님이 우리에게 부탁하신 기독교의 본래적 사명이면서 동시에 교회의 책임이다. 그렇기 때문에 기독교교육의 올바른 이해와 폭넓은 실천은 개인과 교회, 마을과 세계를 변화시키는 중요한 첫걸음이 될 것이다.

진급과정 2년급

3장

01

구약 | 지혜서(시가서)

1. 지혜서 개요

구약성경의 네 가지 분류 중 오경과 역사서 다음으로 등장하는 지혜서(Wisdom Books)는 욥기, 시편, 잠언, 전도서, 아가로 구성돼 있으며, 각각 개별적 특성을 가지고 메시지를 전달하고 있다. 지혜서는 구약 학문적 나눔인 '지혜문학'으로의 욥기·잠언·전도서와 시편·아가와 같은 노래 형식의 '시문학'이 포함되어 있어 '시가서(Poetic Books)'라고 표현하기도 한다. 물론 지혜문학에서도 시적인 표현이나 문체가 자주 등장하고, 시가서에서도 지혜의 주제들이 있기에 복합적인 이해를 해야 한다.

특별히 지혜서(시가서)가 가진 독특한 성격은 하나님께 올려드리는 최고의 고백들이 담겨 있다는 것이다. 성경이 하나님께서 성도들에게 내려 주시는 말씀이라는 거룩한 방향성(方向性)에 집중하다 보면, 반대로 이에 대한 피조물의 응답이 담겨 있다는 사실을 간과할 때가 있다. 게다가 이러한 인간의 목소리는 구약성경의 정경화 역사를 살펴보면 때로 세속적인 것으로 평가받기도 했다.

그러나 정경에 포함된 지혜서(시가서)의 놀랍고도 깊은 고백들과 가르침을 연구해 보면 하나님의 풍성한 은혜와 섭리를 일깨워 주는 거룩한 글임을 확신할 수 있다.

지혜서(시가서)에서 중요한 개념인 '지혜'는 히브리어로 '호크마'라 하는데, 이는 재능과 경험에 의한 기술이나 세상을 바르게 살아가는 능력을 말한다. 많은 성서학자는 이 지혜를 실제적인 삶에 적용하는 차원까지 포함한 폭넓은 개념으로 이해해야 한다고 주장한다. 지혜서는 살아가는데 필요한 현명한 행동, 언어, 생각 등을 부모나 설교자, 교사의 관점에서 가르치는 형식으로 전달하고 있으며, 이러한 질서를 실천하면 얻게 되는 모델을 행복하고 성공적인 삶으로 제시한다.

이러한 성경의 지혜가 고대 근동의 지혜문학에서 강조하는 처세술과 다른 관점은 바로 인간의 이성과 경험의 차원을 넘어서는 신앙적 차원에 있다. 성경의 지혜는 인간의 모든 행동을 살피시고 생사화복을 주관하시며 의지를 감찰하시는 분인 여호와의 신적 권위를 강조하며, 결국 여호와를 경외하는 것이 지혜의 근본이며, 계명을 지키는 것이 명철한 것임을 강력히 주장한다(시 111:10, 잠 1:7, 9:10, 욥 28:28).

2. 욥기

1) 개요

욥기는 주인공인 욥에게 닥친 고난들을 중심으로 욥에게 던지는 신앙적·신학적 도전에 관한 내용이다. 욥은 이방 땅 우스에서 살아가는 '온전하고 정직하여 하나님을 경외하며 악에서 떠난 자'다(1:1). 욥을 의인으로 강조한 초반 부분은 욥기의 신학적 주제인 신정론(神正論, Theodicy)을 이해하는데 중요한 요소다. 에스겔에서는 욥을 노아, 다니엘과 함께 공의로운 세 사람 중 하나로 언급하며(겔 14:20), 1장에 등장하는 '동방 사람 중에 가장 훌륭한 자(1:3)'라는 표현이나 그가 자녀를 위해 드린 '번제(1:5)'에서도 욥의 신실함이 잘 드러난다.

그러나 사탄은 하나님이 주신 물질적인 복을 누리고 있기에 욥이 하나님을 경외하는 것이므로, 이를 시험하여 욥의 진정성을 확인해야 한다고 주장한다. 결국 욥은 열 자녀와 모든 소유를 잃고 몸 전체에 고통스러운 종기가 나는 고난을 겪지만, 여전히 하나님께 죄를 범하지 않고 온전함을 지켰다. 하지만 친구들과 논쟁하면서 전통적으로 믿었던 '하나님을 따르는 선한 이는 번영하고, 악한 이는 벌을 받는다'는 권선징악(勸善懲惡)의 법칙에서 벗어나 자신이 왜 고통받아야 하는지, 욥은 극심한 고민에 빠지기 시작한다. 이처럼 욥기는 스스로 온전하다고 여기는 한 개인에게 닥친 고난의 상황을 어떻게 이해해야 하는지에 대한 깊은 신학적 성찰의 책이다.

욥기의 전체적인 구조를 보면 욥기의 대화 형식을 이해하는 데 좋은 참고가 된다.

욥기의 구조 (논쟁적 대화)		
서 론	1~3장	욥의 신실함 / 첫째 시험(소유) / 둘째 시험(육체적 고통)
논쟁 1	4~14장	엘리바스·욥 / 빌닷·욥 / 소발·욥
논쟁 2	15~21장	엘리바스·욥 / 빌닷·욥 / 소발·욥
논쟁 3	22~37장	엘리바스·욥 / 빌닷·욥 / 엘리후
현 현	38~42장	여호와·욥 / 여호와·욥
결 론	42장	여호와께 회개 / 회복

운문체로 쓰여 있는 친구들과의 논쟁적 대화가 34장에 걸쳐서 세 번 반복해 등장한다. 세 번째 논쟁에서 다시 소발이 등장하지 않고 엘리후가 등장해 마무리하는 점이 흥미롭다. 1~2장과 마지막 42장에서만 산문체로 쓰인 이야기 형식의 글이 등장한다.

2) 주요 주제

첫째, 욥기는 한 인간의 고난과 연결된 문제를 깊이 다루며 고민한다. 등장인물 욥은 성도 개인을 뜻하며, 많은 성도가 이러한 대비를 통해 자신의 삶과 신앙을 점검해 볼 것이다. 누구에게나 닥칠 수 있는 고난의 시간에 '스스로 선하다' 하는 주관적인 생각과 상황에 대한 자기합리화는 고난을 극복하는 데 있어 올바른 신앙이 아니라는 것을 강조한다. 오히려 욥기는 세상을 이해하는 지식에 관한 피조물의 한계를 인정할 것과 하나님은 항상 우리와 함께하신다는 신앙을 강조한다. 인간의 한계에 대한 이해는 신앙인들에게 있어서 중요한 주제이며, 욥기는 이를 철저히 파헤치는 신학의 정수와 같다.

둘째, 욥기는 다양한 신학을 통하여 올바른 신정론으로 안내한다. 그런데 아쉽게도 욥기 1~3장과 마지막 결말만을 읽고, 중간에 등장하는 욥 친구들과의 대화에는 주목하지 않는 성도들이 많다. 욥의 친구들은 고난의 전통적인 이해를 중심으로 각자의 견해를 피력한다. 그들의 의견에는 '하나님은 어떠한 경우에도 의로우시다'라는 근본적 공통점이 있지만, 동시에 분명한 차이점이 존재한다.

① 엘리바스 - 전형적인 인과응보 논리 주장(4:7~9)

② 빌닷 - 의롭게 살면 행복을 허락하심(8:3~6)

③ 소발 - 인간의 무지와 벌의 경함 강조(11:2~6)

④ 엘리후 - 고난의 목적은 교육적(36:7~16)

즉 욥기는 인과응보의 고난 외에도 우리가 이해할 수 없는 고난, 교육을 위한 고난, 그리고 함께 감당해야 할 공동체적 고난 등이 있음을 알려 주고, 다양한 신학적 접근을 통하여 고난에 대한 이해의 폭을 넓혀 주는 토론서다.

셋째, 욥기는 하나님의 위대하심과 전지전능하심을 강조한다. 친구들과의 대화에서 자신의 의로움을 주장하며 답을 얻지 못한 욥에게 하나님이 나타나신다(38장). 하나님은 환상 가운데 신비한 세상 조화와 베헤못, 리워야단처럼 인간이 이해할 수 없는 동물들을 보여 주신다. 그리고 하나님의 역사 활동은 인간이 측량할 수 있는 것이 아니기에(38~39장) 겸손해지라고 말씀하신다(40~41장). 하나님이 지혜의 유일한 원천이기에 인간의 지혜는 불완전할 수밖에 없다는 점을 강조한다(42:3).

3. 시편

1) 개요

시편은 150편의 시를 모은 모음집으로, 히브리어 이름인 '테힐림(찬양들)'에서 표현하고 있듯이 '찬송 혹은 곡조 있는 기도'로 이해할 수 있다.

시편은 5부로 나뉘는데, 구조적으로 이를 나누는 명확한 강조점은 '아멘'과 할렐루야'로 표현되는 마지막 응답이다. 특별히 1권부터 4권까지 마지막 절의 한글 번역은 서로 다르나 모두 히브리어 '바락'의 분사형인 '바룩(송축하라)'을 사용하는 의도적인 문학 형식을 띄고 있다. 또 5권의 마지막 피날레는 146편부터 150편까지 5편의 할렐루야 송영(Doxology)으로 분위기를 최고조로 만들며 시편 전체를 웅장하게 마무리하고 있다. 이러한 5부로의 나눔은 일반적으로 오경이 다섯 부분으로 나누어진 것을 반영하고 있으며, 토라의 권위를 부여하기 위한 편집자들의 문학적 구조 접근으로 이해할 수 있다.

시편의 구조와 각 권의 마지막 응답송				
제 1 권	제 2 권	제 3 권	제 4 권	제 5 권
1~41편	42~72편	73~89편	90~106편	107~150편
이스라엘의 하나님 여호와를 영원부터 영원까지 송축할지로다 아멘 아멘	그 영화로운 이름을 영원히 찬송할지어다 온 땅에 그의 영광이 충만할지어다 아멘 아멘	여호와를 영원히 찬송 할지어다 아멘 아멘	여호와 이스라엘의 하나님을 영원부터 영원까지 찬양할지어다 모든 백성들아 아멘 할지어다 할렐루야	할렐루야(146) 할렐루야(147) 할렐루야(148) 할렐루야(149) 할렐루야(150)

시편은 오랜 시간에 걸쳐서 수집된 노래 모음집인데, 그 중 다윗의 시가 약 73편으로 가장 많다. 그 외에 아삽, 고라, 여두둔, 솔로몬, 에단, 헤만 그리고 미상의 작품 등이 있으며 이들 중 익숙지 않은 이름들은 성전 음악가나 노래 모임으로 이해하고 있다.

또한 시편은 유형이 다양한데, 찬송시(98, 113편)와 탄식시(7, 69편)가 가장 많은 분량을 차지하고 그 외에 감사시(107, 116편), 회상시(136편), 지혜시(1, 34편), 확신시(23편), 제왕시(20, 47편), 토라시(119편) 등으로 나뉜다.

2) 주요 주제

첫째, 시편은 궁극적으로 모든 피조물이 하나님께 찬양해야 함을 강조한다. 찬양시는 가장 빈번하게 등장하는 형식으로, 하나님은 찬양받으시기에 합당한 분이라는 사실을 시편 전반에서 다양하게 고백하고 있다. 또 감사시로 구분되는 시편에서도 하나님에 대한 절대적인 신뢰를 찬양 형식으로 표현하고 있다. 이러한 찬양은 하나님과 시인의 친밀한 관계를 드러내며, 피조물들의 조화로운 관계와 질서에 영향을 미친다.

둘째, 시편은 현실을 반영한 삶의 고백서다. 시인은 인생에서 겪는 기쁨뿐 아니라 어려움과 고난의 현실도 있는 그대로 표현하고 있다. 이때 시인의 기쁨이 찬양하라는 메시지로 함축돼 표현되고 있다면, 분노와 실망은 탄식하는 소리로 표현되고 있다(6편). 그러나 이러한 탄원은 결국 하나님의 구원하심을 향한 감사와 찬양으로 이어진다(7편). 이런 점에서 시편이 강조하는 핵심은 있는 그대로 하나님께 올려드리는 믿음의 고백이다.

셋째, 시편은 하나님의 구원 역사와 섭리를 삶의 보편적 상황 속에서 높이고 확신한다. 어떠한 상황에서도 하나님을 신뢰하는 신앙이 담겨 있다. 이러한 신뢰의 목소리는 찬양시와 감사시, 확신시에서 자주 등장하는데, 시인은 이러한 고백을 노래로 승화하고 있다(30:3~4). 특별히 탄원시에서는 구원받은 후 얻게 될 기쁨으로 인하여 지금의 고난은 기꺼이 감내할 수 있으며, 하나님의 능력과 인도하심에 대한 신뢰는 성도들에게 삶의 원동력이 된다는 점을 가르친다.

넷째, 시편은 예배의 거룩함과 중요성을 하나님의 섭리와 연결한다. 시편에는 제왕시라고 불리우는 왕의 대관식, 결혼식, 전쟁의 승리나 해방, 축제와 같은 행사들에서 사용하는 예전이 성전 기도문(15, 24, 132편) 형식이나 제의 행렬에 대한 언급(48, 68, 118편)으로 나타나며, 노래와 춤과 악기에 대한 언급(9, 30, 33, 87, 98, 150편)도 등장한다. 왕국 시대에 왕의 역할을 기념하고 예배의 거룩함과 연결 지은 것은 왕에게 통치를 맡기시는 하나님의 신적 섭리를 강조한 것이며, 이는 곧 하나님께서 왕권을 다스리고 계심을 고백한 것이다.

4. 잠언

1) 개요

서두부터 지혜를 강조하는 잠언은 지혜문학의 본질을 담은 교훈적 담화 혹은 연설이다. 서론에서 밝히고 있는 잠언의 기록 목적은 지혜와 훈계를 알게 하며 명철의 말씀을 깨닫게 하기 위함이다(1:2).

'어리석은 자'는 잠언에서 가장 경계하는 유형으로, '지혜로운 자'의 반대 개념으로 등장하고 있다. 잠언이 가르치려는 대상은 '젊은 자, 지혜 있는 자, 명철한 자'인데, 어리석은 자를 깨닫게 하려는 목적 외에도 젊은 자로 묘사되는 세대와 지혜 있고 명철한 자로 묘사되는 학식 있는 자들조차 교훈의 대상으로 삼는다.

잠언의 말씀을 통해 현재보다 더 나은 지혜를 얻게 될 것을 주장하기에, 처음부터 모든 사람을 교훈의 대상으로 하고 있음을 알 수 있다.

<table>
<tr><th colspan="4">잠언의 구조 (총 9개의 잠언 모음집)</th></tr>
<tr><td>1장~22장 16절</td><td>22장 17절~29장 27절</td><td>30장</td><td>31장</td></tr>
<tr><td rowspan="2">솔로몬의 잠언1
(1:1~9:18)</td><td>지혜자의 잠언1
(22:17~24:22)</td><td rowspan="2">아굴의 잠언
(30:1~14)</td><td rowspan="2">르무엘 왕의
잠언
(31:1~9)</td></tr>
<tr><td rowspan="2">지혜자의 잠언2
(24:23~24:34)</td></tr>
<tr><td rowspan="2">솔로몬의 잠언2
(10:1~22:16)</td><td rowspan="2">숫자 잠언
(30:15~33)</td><td rowspan="2">알파벳 잠언
(31:10~31)</td></tr>
<tr><td>솔로몬의 잠언
(25:1~29:27)</td></tr>
</table>

잠언의 구조를 보면 잠언은 총 9개의 모음으로 엮여 있으며, 솔로몬의 잠언이 대다수를 차지하나 지혜로운 자들의 말, 아굴의 잠언, 르무엘 왕의 잠언, 숫자 잠언, 알파벳 잠언 등이 포함되어 있다.

2) 주요 주제

첫째, 잠언은 "여호와를 경외하는 것이 지식의 근본(1:7)."임을 밝히면서 '여호와를 경외하는 것'을 가장 중요하게 가르치고 있다. 이러한 사상은 잠언에 95번이나 등장하는 '여호와와의 관계성' 곧 여호와를 공경과 경외, 신뢰의 대상으로 표현한 것에서 잘 나타난다. 여호와를 경외하는 자는 의로운 사람으로, 그에 반대되는 사람은 사악한 사람으로 표현하고 있다.

둘째, 잠언은 가르침을 목적으로 하는 교훈서다. 많은 분량을 차지하는 교훈 잠언은 다양한 주제(게으름, 가난, 절제, 미래, 말 등)에 관해 가르치면서 삶의 본질을 돌아보고 미련함과 어리석음에서 벗어날 것은 요청한다. 특별히 "내 아들아!"로 시작하는 교훈적 메시지는 진실한 관계인 부모와 자녀의 관계에 빗대어 내용의 중요성을 강조한다.

셋째, 잠언은 지혜를 강조한다. 잠언 8장에서는 지혜를 1인칭 화법을 통해 인격체로 표현하고 있으며, 태초부터 존재했음을 밝히고 있다. 이는 잠언의 기록 목적에 따라 지혜의 의미를 강조함으로써 인생에서 지혜를 갖는 것이 얼마나 중요한지 강조하기 위한 것으로 이해해야 한다.

넷째, 잠언은 여호와의 뜻과 의지가 중요함을 강조한다. 잠언은 욥기와 같이 인간의 판단보다 여호와의 뜻이 더 중요함을 "사람의 마음에는 많은 계획이 있어도 오직 여호와의 뜻만이 완전히 서리라(19:21)."와 같은 말씀으로 역설한다.

5. 전도서

1) 개요

전도서는 성경에서 히브리어 이름인 '코헬렛(모으는 자)'을 전도자로 번역하면서 사용된 이름인데, 전도(Mission)의 개념으로 오해할 수 있어 주의가 필요하다. 전도서의 영어 이름은 헬라어 이름을 라틴어로 음역한 '에클레시아스테스(Ecclesiastes)'이며, 어원인 에클레시아를 따라 공동체를 의미한다. 따라서 저자인 전도자는 '신앙 공동체에서 가르치거나 말씀을 전하는 자'로 이해해야 한다. 전도서는 저자의 이름을 밝히고 있지 않지만, 1장 1절의 "다윗의 아들 예루살렘 왕 전도자의 말씀"을 따라 전통적으로 솔로몬의 교훈으로 이해한다.

전도자는 2장부터 5장에 걸쳐 다양한 요소들 즉 욕망에서, 지혜에서, 자기 일에서, 권력에서, 부유함에서 삶의 의미를 찾으려 했으나 모든 것이 헛되었음을 고백한다.

전도서에서 가장 중요한 가르침은 3장에 등장하는 "범사에 기한이 있고 천하 만사가 다 때가 있다(3:1~8)."는 것이다. 세상에서 일어나는 다양한 때를 언급하며 인생은 각자의 때에 따라 모든 것을 경험한다는 보편성을 이야기한다. 그러면서 '왜 선한 이에게 나쁜 일이 일어나는가?'에 답하는 것보다 모든 인간에게 주어지는 동일한 때에 어떻게 해석하고 반응할 것인가가 더 중요함을 되짚고 있다. 지혜, 쾌락, 부, 권력, 성공 등 삶과 관련한 주제들은 모두 허무하고 헛되며 유한한 것은 무한한 것을 파악할 수 없다는 결론적인 주제를 고백하면서, 하나님을 두려워하고 그 가르침에 따라가기를 강조한다.

2) 주요 주제

첫째, 전도서는 비관적이고 허무한 경험을 고백한다. 전도서의 가장 유명한 구절 "헛되고 헛되며 헛되고 헛되니 모든 것이 헛되도다(1:2)."에 나오는 표현인 '하벨(헛됨)'은 전도서에 총 38회나 등장하며, 이를 통해 전도서의 허무주의적이고 염세적인 성격이 부각된다. 이와 관련한 표현은 ① 모든 것이 헛되다(5회) ② 이 또한 헛되다(11회) ③ 바람을 좇는 것이로다(9회) ④ 죽음으로 끝이다(14회) ⑤ 삶은 헛될 뿐이다(4회) ⑥ 불의가 판을 친다(10회) ⑦ 인생은 불가사의로 가득하다(11회) 등이다.

둘째, 허무주의를 통하여 긍정적인 면을 추구한다. 전도서가 삶을 허무한 것으로만 기술한 것은 아니다. 등장하는 반대 표현에서는 인생의 중요성을 반복해 강조하고 있다. 이와 관련한 표현은 ① 인생은 하나님께 받은 선물이다(6회) ② 인생은 살 만한 가치가 있다(6회) ③ 하나님을 기쁘시게 해야 한다(2회) ④ 불의는 반드시 실패한다(3회) ⑤ 하나님께서 다스리신다(4회) ⑥ 하나님을 두려워해야 한다(5회) 등이다. 즉 허무한 삶의 경험에서부터 중요한 신앙적 접근을 연결시키고 있다.

셋째, 전도서에서 결론적으로 강조하는 것은 "하나님을 경외하고 그의 명령들을 지킬지어다 이것이 모든 사람의 본분이니라 하나님은 모든 행위와 모든 은밀한 일을 선악 간에 심판하시리라(12:13~14)."는 것이다. 전도자는 아들에게 하나님을 향한 바른 태도를 가르치면서 율법과 계명을 준수하고 미래의 하나님 나라를 준비하라고 가르치고 있다.

6. 아가

1) 개요

아가라는 이름은 히브리어로는 '쉬르 하쉬림', 영어로는 'Song of songs'로 '노래 중에서 최고의 노래'라는 의미다. 하지만 우리말 성경에는 중국에서 번역한 방식을 따라서 '아가(雅歌)', 즉 청아한 사랑의 노래로 번역돼 있다. 간혹 '아가서'로 부르기도 하는데, '책 서' 자를 붙이면 의미가 중첩되므로 '아가'로 호칭하는 것이 바람직하다. 8장의 시 형식으로 구성된 아가는 남녀 간의 사랑 노래로, 솔로몬과 술람미 여인(6:13)의 깊은 사랑을 표현하고 있다.

전통적으로 교회 공동체에서는 아가의 육체적인 사랑 노래가 성경적이지 않다고 해석해 아가를 하나님과 이스라엘, 또는 하나님과 교회 사이를 나타내는 알레고리로만 해석했다. 그러나 현대적인 해석과 지혜문학의 관점에서 볼 때 하나님이 허락하신 남녀 간의 사랑 노래라는 자연스럽고 뚜렷한 목적이 드러난다. 왜냐하면 아가는 사랑을 주제로 인간에 대한 깊은 신학적 성찰을 담고 있는 시이자 지혜문학이기 때문이다. 또한 사랑은 하나님이 인간에게 주신 최고의 선물로, 아가는 책임감을 가지고 그 사랑을 충분히 즐기라고 말한다(8:5~7).

2) 주요 주제

첫째, 아가는 남녀 사이의 육체적 친밀함을 긍정적으로 바라본다. 하나님은 에덴에서 인류를 창조하실 때 남녀 사이를 서로 돕는 배필의 관계로 만들어 주셨다(창 2:21~24). 그러나 죄로 인하여 건강한 관계가 틀어지면서 서로의 조화도 깨졌다. 아가는 다시 에덴동산이라는 창조의 공간, 친밀함의 공간으로 성도를 초대하고 있으며, 이는 하나님과 인간 사이의 친밀함을 통한 창조적 회복을 기대한다.

둘째, 아가는 남녀 관계에서 서로간의 책임감을 가르친다. 아가에서 등장하는 남녀 주인공들의 만남은 흥미롭게도 순탄하지 않다. 남자가 여자에게 가면 여자가 달아나고 다음에는 남자가 돌아선다(3:1, 5:6~8). 결국 어려운 역경을 거치고 사랑의 동산에서 만나 하나 되는 극적인 모습을 그리고 있다. 이러한 문학적 기법은 사랑하는 사이에도 서로의 노력과 기다림이 필요함을 가르친다.

셋째, 사랑에 대한 평등성과 상호성을 강조한다. "내 사랑하는 자는 내게 속하였고 나는 그에게 속하였도다(2:16)."와 "나는 내 사랑하는 자에게 속하였고 내 사랑하는 자는 내게 속하였으며(6:3)."에 등장하는 서로에게 속한다는 개념은 남녀가 평등하며 상호보완적인 관계임을 밝히고 있다.

02

신약 | 바울서신

1. 바울의 선교 여정과 서신 집필

바울은 숨 가쁜 선교 여정 중에 틈틈이 서신을 기록했기 때문에 그의 선교 여정과 각 서신들이 기록된 시기와 장소를 한눈에 살펴보면 바울서신을 이해하는데 도움이 된다.

열렬한 유대교 신자였던 바울이 다메섹 도상에서 예수를 만나 그리스도의 사도로 변화된 것은 예수님의 부활이 있고 2년쯤 지난 AD 32년 무렵이었다. 그 후 3년이 지난 AD 35~36년에 바울은 1차 예루살렘 방문을 하여 베드로와 만남을 가졌다(갈 1:18). 그 후 14년 후인 AD 49/50년에 다시 2차 예루살렘 방문을 했다(갈 2:1).

1차 예루살렘 방문 후 2차 방문이 있기까지 14년여 동안 바울은 사도행전 13~14장이 말하는 제1차 선교 여행을 했을 것이다. 이 선교 여행에서 바울과 바나바의 선교를 방해한 사람들이 있었는데, 이들은 스스로 예루살렘에서 온 그리스도인들이라고 했다. 이들의 방해로 바울과 바나바는 선교 여행을 중단하고 안디옥 교회로 돌아왔다가 예루살렘으로 갔다. 이 2차 예루살렘 방문에서 바울은 예루살렘 교회 지도자들과 이방인 선교 문제에 대한 회의를 하고(갈 2:1~10, 행 15), 제2차 선교 여행을 떠났다.

제2차 선교 여행에서 바울은 빌립보 ⋯▸ 데살로니가 ⋯▸ 베뢰아 ⋯▸ 아덴 등을 거쳐서 AD 49년 말경에 고린도에 도착해 이곳에서 18개월 동안 교회를 개척하는 등 선교 활동을 펼쳤다. 바울은 고린도에서 AD 49~50년 무렵에 첫 번째 서신인 데살로니가전서를 기록했다.

그 후 고린도를 떠나 제3차 선교 여행을 했는데, 그 중심지는 소아시아의 에베소였다. 바울은 이곳에서 신학교를 세우고 강의하면서 에베소 교회를 개척했고, 고린도전서를 기록해 고린도 교회에 보냈다. 고린도전서를 보낸 직후, 고린도 교회에 바울은 사도가 아니라고 험담하는 외부인들이 들어와서 교인들의 마음을 흔들었다. 이 소식을 들은 바울은 고린도후서의 일부를 써서 보내며 자신은 분명한 사도임을 변증했지만 상황은 호전되지 않았다. 그래서 직접 고린도에 건너가 문제를 해결하고자 했으나 뜻대로 되지 않았다. 바울은 다시 에베소로 돌아가 큰 근심 중에 눈물로 고린도후서의 일부를 기록해 디도에게 전하게 했다.

그런 후에 약 30개월 동안의 에베소 선교 활동을 마치고, 다시 마케도니아로 가서 빌립보와 데살로니가 등에 머물렀다. 그 사이 고린도에서 돌아온 디도에게서 고린도 교회 교인들이 잘못을 뉘우치고서 바울을 변호한다는 좋은 소식을 듣고 고린도후서 일부를 보내는 한편, 갈라디아서를 기록하였다.

바울은 다시 고린도로 가서 AD 55~56년 무렵에 로마서를 기록해 뵈뵈에게 전하게 하고, 자신은 예루살렘 교회에 구제금을 전달하러 갔다. 그러나 그곳에서 체포되어 가이사랴 감옥에서 2년여를 보낸 후, 황제의 재판을 받기 위하여 로마로 압송되었다.

바울은 재판을 기다리며 로마 시내의 한 가택에 머무는 AD 60~61년 무렵 빌립보서와 빌레몬서를 기록했다.

2. 유대인 바울의 위대한 변화

예수 그리스도의 사도가 되기 이전의 바울에 대해 아는 것도 그의 서신을 이해하는데 중요하다.

바울은 로마, 알렉산드리아 등과 견줄 만큼 소아시아의 최고 교육 도시였던 길리기아의 다소라는 도시 출신이다(행 21:39, 22:3). 이곳에서 바울은 최고의 헬라 교육을 받았으며, 천막을 만드는 수공업을 익히기도 했다(행 18:3, 고전 4:12). 그는 태어나면서부터 로마 시민권을 가지고 있었다(행 16:37, 22:26~29).

그는 철저한 유대인이었다. 베냐민 지파 출신(빌 3:5~6)인 바울은 당대 최고의 랍비인 가말리엘의 제자로(행 22:3), 구약성경과 유대교 신학에 정통한 지식을 가지고 있었다. 그런 지식과 믿음을 가지고 예수님 믿는 사람들을 열정적으로 박해했다. 그런 바울이 기독교 역사상 가장 드라마틱한 사건을 통해 그리스도인으로 변화되었다. 다메섹 도상에서 예수님의 부르심을 받은 그는 일평생 이방인의 사도라는 소명의식 속에서 선교 활동에 매진했다. 이 사건은 그의 믿음, 인생관, 가치관, 미래의 소망에 이르기까지 삶 전체를 완벽하게 변화시킨 놀라운 사건이었다. 뜨거운 열정, 넓고 깊은 지식, 드라마틱한 회심 체험, 이 셋은 바울의 신학과 서신을 이해하는 데 중요한 요소다. 이제 신약성경에 수록된 순서에 따라 바울서신들을 하나씩 살펴볼 것이다.

3. 로마서

바울은 서신을 기록한 동기를 네 가지로 밝혔다(15:14~29). 첫째 바울이 계획하고 있는 스페인 여행에 로마 교회의 지원을 받기 위해, 둘째 예루살렘 교회에 헌금을 전달할 때 일어날 것으로 예상되는 충돌에 로마 교회의 기도와 지원을 받기 위해, 셋째 바울을 반대하는 유대교 적대자들의 공격과 영향이 로마에서도 있었기 때문에 자기를 변호하는 동시에 바울신학을 이해시키기 위해, 넷째 로마 교회 안에 있는 특별한 문제들에 대해 사도로서 해결책을 주기 위해서였다.

로마서에는 정제된 바울신학이 포괄적으로 나타나 있다. 1장 16~17절은 그 신학적 메시지를 축약해서 보여 준다. 구원을 주는 복음에는 하나님의 의가 나타나 있는데, 이 구원의 의는 유대인이든 이방인이든 상관없이 예수 그리스도를 믿는 모든 사람에게 해당된다. 우리는 이 신학을 칭의론 혹은 이신칭의(以信稱義)라는 말로 요약한다. 로마서 신학은 나중에 루터의 종교 개혁에 결정적인 추동력으로 작용했고, 웨슬리 신학에서도 중요한 역할을 했다.

이어 1장 18~20절은 모든 인간의 죄를 고발한다. 인간을 지배하는 죄의 힘이(3:9, 갈 3:22 참조) 구원을 위한 인간적인 모든 노력을 쓸모없는 것으로 만들어 버린다. 율법에 대한 철저한 순종까지도 하나님 앞에서 의롭다 인정을 받는데 아무런 도움이 되지 않는다. 하지만 3장 21절의 '이제는'은 이러한 절망적인 상황을 변혁시키는 새로운 구원의 길이 열리고 있음을 말한다. 하나님의 의는 '율법 없이' 오직 그리스도 안에서 나타난다.

'오직 믿음으로만 의롭다 인정을 받는다'는 칭의론이 가져온 문제가 있었는데, 그것은 구약성경에서 하나님이 자기 백성으로 선택하시고 구원을 약속하셨지만 지금 현재는 예수님을 믿지 않는 이스라엘이었다. 로마서 9~11장에서 바울은 이 문제를 다룬다. 이스라엘의 선택, 조상들에게 준 약속, 언약 체결 등이 더 이상 효력이 없다면, 하나님의 말씀은 믿을 수 없는 것이 되어 땅에 떨어질 것이다. 그러므로 이스라엘이 믿지 않는다 해도 하나님의 선택과 약속은 여전히 유효해야 한다. "온 이스라엘이 구원을 받으리라(11:26)." 하신 하나님은 영원히 신실하시기 때문이다.

오직 믿음으로만 의롭다고 인정을 받는다는 신학이 인간의 행위를 등한시하는 것이 아니냐는 비난을 받을 수 있다. 그러나 그렇지 않다. 칭의론 신학의 중심인 로마서 6~8장을 보면, 바울이 얼마나 실천적 삶과 칭의론을 밀접하게 연결하고 있는지 알 수 있다. 그리고 12장부터는 그러한 윤리적 교훈을 집중적으로 가르친다. 하지만 윤리적 행동은 인간이 죄에서 해방되고 새사람이 될 때 가능해진다. 하나님께서 의인이라고 인정하실 때 비로소 의인답게 살 수 있고, 또 의인으로서 살아야 한다.

4. 고린도전서

그리스 최남단 섬인 아가야 지방의 수도 고린도는 동방과 서방의 가운데에 위치해 있어 교통과 경제의 중심 역할을 했다. 고린도는 바울의 제2차 선교 여행의 마지막 기착지로, AD 49~50년 무렵에 이곳에 와서 브리스길라와 아굴라 부부와 함께 18개월 동안 선교 활동을 하며 교회를 세웠다. 바울이 떠난 후에는 아볼로가 와서 목회를 했다(3:4~6). 이 도시의 문화적·종교적·사회적 다양성은 교회 안에서 여러 사건들을 통해 그대로 드러났다. 대다수 교인들은 이방인 출신이었고(12:2) 하층민에 속했지만(1:26, 7:21, 11:22), 소수의 부유한 교인들도 있었다.

바울이 떠난 후에 고린도 교회는 한동안 잘 성장했지만, 많은 문제가 나타났다. 고린도 교회는 이 문제들을 에베소에 있는 바울에게 사람을 보내거나 서신을 통해 알리면서 해결책을 구하였다. 성도들의 파벌 형성(1~4장), 음행(5장), 송사(6장), 결혼·독신·이혼·재혼(7장), 우상 제물(8~10장), 예배(11장), 은사(12~14장), 부활(15장) 등 다양한 문제들에 대해 바울은 서신으로 답을 주었다.

고린도전서의 신학적 관심은 교회와 교회의 일치다. 교회는 예수 그리스도라는 터 위에 세워진 하나님의 성전이다(3:11). 그런데 이 교회가 분열 위기와 거룩함을 상실한 위기를 맞은 것이다. 교회 안에서 성도들이 파벌 싸움을 벌이는 것은 십자가의 도를 바르게 깨우치지 못했기 때문이다. 도덕적 문란은 자신들이 거룩한 존재임을 망각한 처사다. 이것이 바울이 고린도 교회를 진단하고 내린 처방이다. 그래서 바울은 교회의 위기를 극복하기 위해서는 십자가의 도를 분명히 가르쳐야 한다고 생각했다.

고린도전서의 핵심 주제는 교회와 교회의 일치, 교회의 거룩성이고, 이 주제들을 뒷받침하는 신학은 십자가와 부활이다. 가장 먼저 십자가에 대해서 다루고(1:10~4:21, 특히 1:18~2:5) 맨 나중에 부활에 관해 다루고 있다(15:1~58)는 사실에서 그것을 알 수 있다. 바울 신학의 핵심이 '십자가와 부활'이라면, 고린도전서는 그것을 구조적으로 분명하게 보여 준다.

5. 고린도후서

고린도전서를 기록한 후 고린도후서를 기록하기까지 약 6개월 동안에 고린도 교회와 바울 사이에 심상치 않은 일이 일어났다. 12장 14절, 13장 1절에서 바울은 세 번째 고린도 방문을 예고한다. 첫 번째 방문은 고린도 교회를 개척하며 18개월 동안 머물렀던 때이기에, 여기서 세 번째 방문을 말한다면 그 사이에 두 번째 방문이 있었다는 말이다.

그런데 2장 1절에서 바울은 고린도에 다시 가지 않겠다고 결심한다. 이는 1장 15절에서 예고한 두 번째 방문이 있었고, 세 번째 방문을 하고 싶지 않다는 것이다. 두 번째 방문에서 바울은 다시는 가고 싶지 않은 큰 모욕을 당하고 돌아왔다.

세 번째 방문 대신에 바울은 '눈물의 서신'을 써 보냈다(2:4). 두 번째 방문에서 받은 모욕 때문에 눈물의 서신을 썼고, 이 서신은 디도가 고린도 교회에 전달했다. 눈물의 서신을 보낸 후 바울은 에베소를 떠나 마케도니아로 갔는데, 그곳에서 편지를 전달하고 돌아온 디도를 만났다(7:5~7). 디도는 고린도 교회 성도들이 바울을 모욕했던 것을 후회하고 있다는 좋은 소식을 가져왔다. 그래서 바울은 세 번째 방문을 다시 계획한다. AD 55년 늦가을에 다시 편지(소위 '화해의 서신')를 써서 고린도 교회로 보내고, 곧 이어 세 번째 방문을 한다.

그렇다면 바울의 두 번째 방문 때 고린도 교회는 왜 바울을 모욕했는가?

교회에 들어온 거짓 교사들이 바울을 비방하며 그가 전한 복음을 부정했는데, 고린도 교회가 이 거짓 주장에 넘어간 것이다(11:4). 이 소식을 들은 바울은 사도임을 증명하는 소위 '변증서신'을 써 보낸 뒤, 두 번째로 고린도 교회를 방문해 거짓 교사들의 주장이 잘못된 것임을 설명했다. 그러나 일부 성도들이 바울의 면전에서 사도가 아니라고 비방하며 심대한 모욕감을 주었다.

누가 진정한 사도인가? 이 물음을 둘러싸고 바울과 적대자들 간의 논쟁이 고린도후서 전체를 꿰뚫고 있다. 초대 교회에는 사도라는 직분을 둘러싼 치열한 싸움이 있었다. 바울이 그 싸움의 중심에 서 있는데, 바울의 적들이 어떤 사람들이었는지는 잘 드러나지 않는다. 그들은 자신을 예수 그리스도의 진실한 사도라고 주장했고(11:13, 12:11), 바울이 사도라는 점을 부정했다. 그들은 교회에서 생활비를 받았고(11:7,20), 말을 잘하는 재능의 소유자들이었다(11:6). 그들은 특별한 계시를 받았다고 자랑했으며(12:1~6), 바울과는 다른 복음을 전했다(11:4).

이들의 공격에 맞서 바울은 사도 직분의 본질(2:14~7:4)을 설명한다. 바울에게 주어진 사도 직분은 영광스러운 것이지만(3:7~4:6), 동시에 고난을 동반한 것이다(4:7~5:10). 하나님의 부르심을 받은 사도로서(2:16~17, 3:5~6) 바울이 전한 복음의 내용은 예수 그리스도를 통해 일어난 하나님의 화해다. 사도의 직분은 이 화해의 사건을 전파하고 하나님과의 화해를 받아들이도록 촉구하는 것이다(5:19~21). 고린도에 나타난 적들과 달리 사도는 자신의 연약함을 자랑하는데, 이는 사도의 연약함을 통해서 그리스도의 능력이 나타나기 때문이다.

6. 갈라디아서

수신자는 '갈라디아 여러 교회들'이다(1:2). 갈라디아 교회들에 들어온 사람들은 바울을 향해 그는 권위 있는 사도가 아니며 그가 가르치는 복음은 신빙성이 없다고 비난했다. 그러면서 예수 그리스도를 믿는 것 외에도 할례를 받고(5:3, 6:12~13) 유대교의 특정 절기를 지켜야(4:3,9~10) 구원을 받는다고 주장했다. 바울은 갈라디아 교인들이 이들의 주장을 받아들이고 바울이 전한 복음에서 떠난다는 소식을 들었다(1:6~9, 4:9, 5:4). 그러자 그들의 주장을 '다른 복음'이라고 하면서 그런 복음을 전하는 자들을 저주하기까지 한다(1:6~10). 바울은 비판과 설득을 통해 갈라디아의 성도들이 잘못된 '다른 복음'에서 다시 진정한 복음으로 돌아오기를 희망한다(4:12~20).

자신은 사람들에게 임명받은 사도가 아니라 하나님과 예수 그리스도의 직접 계시로 부름 받은 사도임을 바울은 여러 가지로 논증한다(1:1~2:14). 예수님이 직접 계시하여 위임한 복음의 내용은 오직 예수 그리스도를 믿는 믿음으로 의롭다 함을 얻는다는 칭의 복음이다(2:16). 죄인인 인간에게는 율법을 온전히 지킬 능력이 없다. 그러므로 인간은 결국 율법의 저주 아래 있을 수밖에 없다(3:10~12).

예수 그리스도의 이름으로 세례와 성령을 받음으로 성도들은 율법의 저주에서 해방되어 자유인이 된다. 자유인으로서 그리스도인들은 더 이상 율법에 순종해서는 안 되고 오로지 자유를 주시는 성령 안에서 살아야 한다. "너희가 만일 성령의 인도하시는 바가 되면 율법 아래 있지 않고(5:18)" 진정한 자유인이 된다.

그리스도인의 자유는 서로를 섬기고 사랑하는 자유다. 이 자유의 삶은 오로지 성령으로 살고 성령으로 행할 때 누릴 수 있다(5:25). 그러므로 그리스도인의 자유는 육체의 일들을 벗어버리고 성령의 열매를 맺는다.

7. 에베소서

에베소서의 신학적 관심은 교회다. 교회는 그리스도의 몸이고 충만이다(1:23). 그리고 교회의 머리가 되는 그리스도는 우주만물의 주인이시다(1:20~22, 4:10). 예수 그리스도의 주권이 완전하게 실현되는 곳이 그의 몸인 교회인 것이다. 그러므로 그리스도의 주권을 충만하게 경험하는 교회는 평화의 전당이다.

우주의 머리가 되시는 그리스도가 하나이듯이, 그의 몸으로서의 교회도 당연히 하나뿐이다. 수많은 교회들이 있지만, 그들은 우주적 주권자인 그리스도 안에서 모두가 하나다. 하나님이 한 분이시고 예수님 그리스도가 한 분이시듯, 교회 역시 오직 하나뿐이다(4:4~6).

8. 빌립보서

빌립보서에는 '감사와 기쁨'이라는 말이 많이 나온다(1:3,18, 2:29, 3:1, 4:1,4~6). 옥에 갇혀서 감사와 기쁨을 말하는 빌립보서의 메시지는 그리스도인의 삶의 역설이다. 고난 속에서 기뻐하고 감사하는 그리스도인의 역설, 이것이 빌립보서의 신학적 메시지다.

사도는 재판이 어떻게 끝날지 모르면서도 구원의 미래를 바라보며 기뻐한다. 왜냐하면 살거나 죽거나 언제나 그리스도를 영화롭게 한다는 확신 속에 있기 때문이다(1:18~25). 더구나 옥에 갇혀 있으면서도 "내게 능력 주시는 자 안에서 내가 모든 것을 할 수 있다(4:13)."는 호언이나 모든 상황에서 자족하는 비결을 배웠다고 고백하는 것(4:11~12)은 인간의 생각을 뛰어넘는 하나님의 평강이 바울의 마음과 생각을 지키기 때문이다(4:7).

9. 골로새서

골로새서에서 사도는 거짓 교훈에 맞서 격렬하게 싸운다. 교회에 나타난 거짓 교훈은 다음과 같다. 첫째, 이방인 그리스도인들도 할례를 받아야 한다(2:11). 둘째, 특정한 음식을 먹어서는 안 되며 특정한 절기를 반드시 지켜야 한다. 이처럼 거짓 교훈은 '몸을 괴롭게 하는' 금욕적인 것이었다(2:16~17,21~23). 셋째, 세상의 초등학문을 가르쳤다(2:8,20). 거짓 교사들은 예수님 그리스도를 섬기는 것 외에도 인간의 운명을 지배하고 조종하는 많은 영적인 세력들이 있기 때문에 그들을 섬겨야 한다고 주장했다. 넷째, 그들은 천사 숭배도 가르쳤다(2:18).

이러한 거짓 교사들의 주장에 맞서 사도는 '오직 그리스도만'을 가르친다. 구원에 이르기 위해서는 그리스도만으로는 충분하지 않다고 가르치는 이들로 인해 두려움과 불확실성에 빠진 성도들에게 사도는 오직 그리스도 안에만 구원이 있다고 가르친다. 그리스도는 모든 영적 세력을 굴복시키고 승리하셔서 하나님의 우편 보좌에서 천하 만물을 다스리는 우주의 주권자다. 성도들은 거짓 교사들이 요구하는 금욕이나 할례를 실행하거나 또는 세상의 초등학문이나 천사를 숭배할 이유도 없고, 그런 영적인 세력들을 두려워할 필요도 없다.

10. 데살로니가전서

데살로니가전서는 매 장이 끝나는 부분에서 주의 '강림'을 반복한다(1:10, 2:19, 3:13, 4:13~18, 5:23). 주의 '강림'을 반복하는 구조는 이 서신의 메시지가 주의 재림에 관한 것임을 알려 준다. 재림 신앙은 4장 13~18절, 5장 1~11절에서 분명하게 드러난다.

4장 13~18절에서 바울은 주의 재림과 죽은 성도들의 부활을 연결해서 설명한다. 먼저 주님의 재림이 있고, 이어서 예수 안에서 잠자는 자들의 부활이 있으며, 그 후에 살아 있는 사람들이 함께 구름 속으로 이끌려 올라가서 주님을 만나게 된다. 마지막 목표는 '항상 주와 함께 있는 것'이다.

11. 데살로니가후서

데살로니가후서는 '주의 날'이 이미 왔다고 주장하는 종말 열광주의에 반대한다. 이러한 열광주의자들은 그들이 영을 받았으며 이는 바울의 서신에 근거한다고 주장했다(2:2). 이들이 내세운 바울의 서신은 데살로니가전서다.

종말에 관한 메시지의 핵심은 2장 1~12절에서 분명하게 나타난다. 주님의 재림에 앞서 일련의 사건들이 먼저 일어나야 한다. 앞서 나타나 미혹의 활동을 할 '불법의 사람'이 '막는 자'에 의해 억제되어 현재는 암암리에만 활동할 뿐이고 아직은 공개적으로 나타나지 않았기 때문에, 주의 재림은 아직 임박해 있지 않다. 주의 재림이 지연되는 것은 하나님의 뜻이다. 앞으로 주의 재림이 분명히 일어날 것이고, 그때에는 심판도 함께 일어날 것이다(2:10~12). 성도들은 주의 재림이 이미 일어났다는 열광주의자들의 유혹에 흔들리지 말고, 재림의 믿음을 확실하게 지키며, 박해와 고난의 현실에서도 성도로서 합당하게 책임 있고 질서 있는 삶을 살아야 한다.

12. 디모데전서·디모데후서·디도서

바울은 지역 교회의 목회자인 디모데와 디도에게 거짓 교훈을 물리치고, '바른 교훈'의 바탕을 굳건히 하며, 교회 조직을 정비함으로써 '하나님의 집이요 진리와 기둥의 터'인 교회를 굳게 세울 것을 명령하고 가르친다.

목회서신의 메시지는 세 가지 영역으로 구분된다. 하나는 바른 교훈이고, 다른 하나는 교회의 조직이며, 마지막은 거짓 교훈에 대한 방어다. 목회서신의 바른 교훈은 바울이 가르치고 전파한 복음이며, 목회자는 바울을 뒤따라 본받아야 한다.

13. 빌레몬서

빌레몬의 종이었던 오네시모가 주인의 재산을 훔쳐서 도망 나왔다가 로마에서 바울을 만나 그리스도인으로 회심하였다(1:10~16). 바울은 오네시모를 주인 빌레몬에게 돌려보내면서, 그를 도망친 노예로 대하지 말고 그리스도 안에서 형제로 받아줄 것을 간곡히 부탁하기 위해 이 서신을 썼다.

03

웨슬리의 생애

1. 고향 엡워스

존 웨슬리는 1703년 6월 17일, 영국 링컨셔의 엡워스(Epworth)에서 태어났다(1752년에 도입된 그레고리력으로는 6월 28일). 그의 아버지 사무엘은 영국에서 일어나는 종교·정치의 격변을 온몸으로 겪었다. 사무엘이 태어난 1662년에는 통일령이 공포되어 영국국교회(성공회)의 『공동 기도서』만을 따라야 했다. 이에 서명하지 않은 '비국교도'는 많은 고초를 겪었는데, 이 일로 사무엘과 수잔나의 부친 모두 목회하던 교회에서 추방당했다.

결혼하던 1688년에는 명예혁명이 일어났다. 천주교도인 제임스 2세를 몰아내고 개신교도인 윌리엄 3세와 메리가 왕위에 오른 사건이다. 이 여파는 웨슬리 가정에도 영향을 미쳐 존 웨슬리의 출생 일화로 전해진다. 새 왕을 위한 기도를 하는데 수잔나가 '아멘'을 하지 않자 사무엘은 "왕이 둘이라면, 침대도 둘이어야 한다."며 집을 떠나 버렸다. 1702년 앤 여왕이 즉위하면서 부부는 화해했고, 그 열매가 존 웨슬리다.

엡워스는 런던에서 북쪽으로 240km 떨어진 작은 마을로, 사무엘은 이곳에서 영국국교회 목회자로 40년 가까이 시무했다. 그가 목회한 교회와 올드 렉토리라고 부르는 목사관이 현재 남아 있는데, 이 목사관은 1709년 2월에 일어난 화재 이후에 지은 건물이다. 여섯 살 난 웨슬리가 타는 불길에서 가까스로 구출된 일은 수잔나가 '아이의 영혼에 특별히 더 주의를 기울이게' 된 계기가 되었다. 존 웨슬리도 하나님의 섭리를 느끼며, 자신을 '불에서 꺼낸 타다 남은 나무토막(슥 3:2)'이라는 자화상을 갖게 되었다.

존 웨슬리는 열 살 때까지 죄를 짓지 않았다고 한다. 말씀과 바른 신앙으로 자녀를 양육한 수잔나의 영향이 크다. 웨슬리는 냉철하고 이성적인 성격으로 보나 성품으로 보나 '엄마 아들'이었다. 수잔나는 엄격한 규율과 정해진 시간표에 따라 철저히 자녀를 양육하는 것 외에도, 요일별로 돌아가며 한 명씩 문제나 어려움은 없는지 이야기를 들어주고 기도해 주었다. 웨슬리는 장성해서도 이 시간을 그리워하며 중요한 일이 있을 때마다 편지로 어머니의 조언을 구했다. "어머니, 어릴 적 목요일 저녁에 하셨던 것처럼, 시간을 좀 내 주신다면 제가 지금 마음을 바로잡아 올바른 판단을 내리는데 도움이 될 텐데요."(1732년 2월 28일, 옥스퍼드대학교 교수 시절에 쓴 편지)

2. 옥스퍼드 메소디스트

1714년 런던 차터하우스에 들어가 공부를 마친 뒤, 1720년에는 옥스퍼드대학교에 입학해 크라이스트처치에서 학사와 석사 과정을 밟았다. 대학생에게 가장 힘든 점은 경제적인 것이었다. 방학 때는 고향 엡워스까지 200km의 길을 걸어가기도 했다. 옥스퍼드생들이 비싸고 화려한 가발로 신분을 과시할 때, 웨슬리는 어깨까지 오는 머리를 단정하게 빗고 다녔는데 이것이 평생 웨슬리의 헤어스타일이 되었다.

1725년은 웨슬리 개인에게 영적으로 중대한 전환기가 된다. 제레미 테일

러의『거룩한 삶과 죽음의 규칙과 연습』, 토마스 아 켐피스의『그리스도를 본받아』를 읽으며 경건에 눈을 뜨고 마음과 삶을 온전히 하나님께 드리기로 결심한다. 그리고『그리스도인의 완전』을 쓴 윌리엄 로우도 웨슬리의 멘토가 되었다. 일기를 처음 쓰기 시작한 것도 이 무렵이다. 참된 그리스도인이 되기 위한 실천이었다. 일기장 맨 앞에는 평생의 지침을 적었다.

"어떤 행동을 할 때마다 그리스도께서 어떻게 하셨는지, 어떻게 하실 지를 생각하라. 그리고 그분이 보여 주신 본을 따르라."

9월 25일에는 영국국교회의 준회원 안수를 받고 성직에 들어간다(1728년에 정회원 안수받음). 그리고 1726년에는 옥스퍼드대학교 링컨칼리지 교수로 선출되는데, 결혼하지 않는 한 평생 봉급과 생활비가 보장되는 자리였다. 사무엘은 "내가 어디 있건, 내 아들 웨슬리는 링컨칼리지 교수다."라며 자랑스러워했다.

존 웨슬리는 메소디즘(Methodism)이 태동하는 첫 단계를 1729년 홀리클럽(Holy Club)으로 보는데, 옥스퍼드의 네 젊은이가 '오직 한 책의 사람', 성경적 그리스도인이 되기로 작정하고 시작한 모임이다. 홀리클럽은 동생 찰스가 먼저 시작했다. 웨슬리가 1727~29년에 아버지의 요청으로 엡워스에서 가까운 루트(Wroot)에서 목회를 돕는 사이, 옥스퍼드 학생인 찰스도 신앙에 대해 진지한 마음을 갖게 되었다.

"나는 매주 성만찬에 나갔으며 두세 명을 설득해서 나와 함께 할 것과 대학교에서 규정하는 공부 방식을 지키자고 설득했습니다. 이렇게 해서 나는 메소디스트(Methodist, 규칙쟁이)라는 별명을 얻게 되었습니다."(1729년 5월 5일, 찰스가 존 웨슬리에게 보낸 편지)

1729년 11월, 웨슬리는 옥스퍼드로 돌아와 홀리클럽을 지도했다. 헬라어 성경을 중심으로 경건 서적을 읽고, 아침저녁으로 자기성찰 질문에 따라 영적 상태를 점검했다. 수요일과 금요일에는 금식하고, 규칙적으로 감옥을 방문하며, 가난하고 병든 이웃을 돌아보았다.

“다시 한번 옥스퍼드 메소디스트가 될 수 있다면! …… 그때는 내가 하나님과 가깝게 걸었고, 시간을 아껴 사용했다.”(1772년 12월 15일, 동생 찰스에게 쓴 편지)

3. 조지아

웨슬리는 옥스퍼드를 사랑했고 평생 옥스퍼드에 있기를 원했지만 상황은 새로운 방향으로 흘러갔다. 1735년 4월에는 부친이 갑자기 세상을 떠났다. “굳게 서라. 그리스도인의 신앙이 이 나라에 반드시 부흥할 것이다. 나는 보지 못해도 너는 그것을 볼 것이다.” 사무엘의 유언이었다. 그 무렵 조지아에 선교사로 가 달라는 요청을 받은 웨슬리는 ‘인디언에게 복음을 전하기 위해, 그리고 자신의 영혼을 구원하기 위해’ 동생 찰스와 함께 조지아로 떠났다.

1735년 10월 14일 시몬즈 호에 승선하여 1736년 2월 6일 미국 땅에 첫발을 디뎠다. 개척 초기였던 조지아에는 이민자가 많았다. 웨슬리는 수도인 사바나에서 목회를 하고, 찰스는 방어기지인 프레데리카에서 사역을 했다. 사바나는 메소디스트 신도회의 초기 형태를 갖추고 있었다. 진지한 신앙을 원하는 사람은 주중에 모여 신앙을 배우고 권면을 받았다. 더 깊은 신앙의 교제를 나누는 작은 그룹도 있었다.

조지아는 웨슬리에게 많은 영적 도전을 주었는데, 그 중 모라비안과의 만남은 그에게 중요한 영향을 주었다. 1736년 1월 25일 심한 폭풍 속에서 그들이 보여 준 영적인 평온함은 웨슬리에게 큰 충격이었다. 모라비안 목사인 스팡겐버그와의 대화에서 웨슬리는 구원의 확신이 자신에게 없음을 깨달았다. “당신에게 구원의 증거가 있습니까? 하나님의 영이 당신이 하나님의 자녀임을 증언합니까?”, “예수님이 당신 자신을 구원하셨다는 사실을 아십니까?” 웨슬리는 자신 있게 대답하지 못했다.

교구민과의 갈등에 소피아 합키의 일로 재판까지 받아야 하는 상황에 이르자 결국 웨슬리는 채 2년을 채우지 못하고 영국으로 돌아갔다.

"나는 인디언들을 회심시키려고 아메리카로 갔다. 아, 그러나 누가 나를 회심시킬 것인가?"(1738년 1월 24일, 배 위에서)

조지아는 웨슬리에게 실패일지 모르나 사바나와 프레데리카에는 웨슬리 형제의 선교 열매가 지금까지 교회로 남아 있다.

4. 올더스게이트

옥스퍼드에서 조지아까지 웨슬리는 참된 그리스도인이 되기 위해 부단히 훈련했지만 성령의 내적 증거를 얻을 수 없었다. 영적 스승들, 특별히 신비주의자들도 '구원 얻는 믿음'을 가르쳐 주지 못했다. 그 믿음을 가르쳐 준 사람은 조지아에 가기 위해 잠시 영국에 머물던 피터 뵐러였다. "믿음을 소유할 때까지 믿음을 설교하시오. 그리고 믿음을 갖게 되면, 그 이유로 그 믿음을 설교할 것이오." 뵐러의 조언에 따라 믿음으로 얻는 구원이라는 '새 교리'를 설교하기 시작하였다.

1738년 5월 24일, 존 웨슬리는 그토록 열망하던 '구원 얻는 믿음'을 찾게 된다. 이날 웨슬리가 묵상한 말씀은 다음과 같다.

"이로써 그 보배롭고 지극히 큰 약속을 우리에게 주사(벧후 1:4)."

"네가 하나님의 나라에서 멀지 않도다(막 12:34)."

"이스라엘아 여호와를 바랄지어다."(세인트폴대성당에서 들은 성가 '시편 130편')

웨슬리는 저녁에 내키지 않는 마음으로 올더스게이트 거리(Aldersgate St.)의 신도회에 참여했다. "믿음은 우리 안에서 행하시는 하나님의 역사로, 우리를 변화시키고 새롭게 태어나도록 만든다." 루터의 로마서 서문을 듣던 그는 마음이 이상하게 뜨거워지는 것을 느꼈다. "구원을 위해 내가 그리스도를, 오직 그리스도만을 신뢰함을 느꼈으며, 그분이 내 죄를, 나의 죄까지도 없애셨으며, 나를 죄와 죽음의 법에서 구원하셨다는 확신이 생겼다." 그토록 바라던 '내적 증거'를 얻는, '종의 믿음'이 '아들의 믿음(롬 8:14~15)'으로 바뀌는 순간이었다.

6월 11일에는 옥스퍼드대학교에서 '믿음에 의한 구원(엡 2:8)'을 설교하고, 바로 독일 방문길에 올랐다. 모라비안의 지도자인 친첸도르프를 만나 신앙의 대화를 나누고, 두 주간 헤른후트에 머물며 모라비안 공동체의 모습을 자세히 살펴보았다. 이 기간은 웨슬리에게 믿음과 확신의 관계를 정립하는 유익한 시간이었다.

5. 복음 전도자

올더스게이트에서 체험한 성령의 내적 증거는 웨슬리를 능력 있는 복음 전도자로 변화시켰다. 웨슬리의 마음에 붙은 불길은 이후 50년간 온 나라로 번져갔다.

"불길이 얼마나 크게 치솟는지를 보라. 은혜의 불꽃으로 불붙어,
민족을 예수 사랑으로 태우고 온 나라가 불길이 된다."(웨슬리 찬송)

말을 탄 전도자 웨슬리, 그 시작은 1739년 조지 휫필드의 초청에서 비롯되었다. 브리스톨과 외곽에 있는 광산 지역인 킹스우드에서 큰 부흥을 이룬 휫필드는 미국으로 떠나면서 웨슬리를 초청했다. 그런데 휫필드가 하는 야외 설교는 웨슬리에게 낯설었고 영국국교회의 법도에 도전하는 것이었기에 동의할 수가 없었다. 그러나 많은 사람들이 말씀을 듣고 변화되는 모습에 웨슬리도 야외 설교를 시작했다. 정해진 '교구' 안에서 설교하지 않는 웨슬리에게 교회들은 문을 닫아걸고 비난했다. 이에 웨슬리는 "하나님께서 나에게 복음

의 사명을 맡겨 주셨다. 복음을 전하지 않으면 나에게 화가 있을 것이다. …… 세계는 나의 교구다."라고 선언했다.

웨슬리 설교는 모든 사람을 구원으로 초대한다. 예수 그리스도의 십자가는 모든 사람을 위한 것이며, 믿음으로 죄 사함, 즉 의롭다 하심(칭의)을 얻게 된다. 휫필드는 칼빈주의의 예정론에 따라 선택받은 자만이 구원을 얻는다고 설교했는데, 웨슬리는 이에 맞서 그리스도의 대속의 은혜는 모든 사람을 위한 것이라고 강조했다. 칭의는 성화로 이어진다. 새롭게 태어난 영혼은 하나님의 형상을 회복하며 온전한 사랑, 곧 그리스도인의 완전을 이루기까지 '사랑으로 역사하는 믿음(갈 5:6)' 안에서 자라가야 한다. 칭의가 예수 그리스도를 통해 우리를 위해 하시는 하나님의 일이라면, 성화는 성령을 통해 우리 안에서 하시는 하나님의 일이다.

웨슬리는 모라비안의 정적주의(Stillness)도 반대했다. 구원은 하나님의 전적인 권한이므로 인간은 그저 잠잠히 기다려야 한다는 그들의 생각에 반대하면서 은혜의 수단(방편), 곧 말씀과 기도와 성찬, 이웃 사랑을 실천할 것을 강조했다. 율법 무용론도 반대하면서 사랑의 법을 완수해야 한다고 가르쳤다. "그리스도의 복음은 그런 종교가 아니라 사회적 종교이며, 그러한 거룩이 아니라 사회적 거룩이다. '사랑으로 역사하는 믿음'이 그리스도인의 완전의 길이요, 깊이요, 높이다."(1739년 찬송가 서문)

메시지는 설교뿐 아니라 찬송을 통해서도 전해졌다. 존 웨슬리는 찬송가와 곡조집을 직접 편찬했고, 동생 찰스 웨슬리는 9천 편에 달하는 찬송시를 지어 부흥운동의 끊임없는 동력이 되어주었다. '설교한 것을 노래하고, 노래한 것을 설교하여' 회중이 설교 메시지를 기억하고 마음에 새기도록 했다.

말씀의 씨앗이 뿌려지는 곳에 신도회가 생겨나자 이들을 지속적으로 양육하고 말씀을 전할 사역자가 필요했다. 웨슬리는 평신도 설교자를 세워 동역자로 삼았다. 그는 하나님께서 설교자들을 세우신 목적에 대해 "국가, 특별히 교회를 개혁하기 위해서 그리고 온 땅에 성서적 성결을 전파하기 위해서"라고 말했다. 웨슬리가 '복음의 아들들'이라 불렀던 이들은 전국을 누비며 말씀을 전했다. 때로는 돌팔매를 맞고 위협을 당하기도 했지만, 복음이 영국 전역으로 퍼지면서 사람들의 마음과 생활이 거룩하게 변화되었다.

6. 목회와 메소디스트 신도회

웨슬리가 말씀을 전하고 부흥이 일어나는 곳마다 신도회가 생겨나면서 모일 장소가 필요하게 되었다. 웨슬리는 런던-브리스톨-뉴캐슬 세 곳을 중심축으로 모임 공간을 마련해, 자신과 설교자들이 방문할 때마다 안정적으로 설교하고 신도회를 돌보고 교육하는 기능을 수행하게 했다.

신도회 모임 장소는 1739년 브리스톨에 가장 먼저 마련되었다. 이곳은 웨슬리가 야외 설교를 처음 시작한 곳이자 항구와 광산이 있어서 런던 다음으로 번성하던 곳이었다. 웨슬리는 "니콜라스 거리와 볼드윈 거리의 신도회들을 수용할 수 있을 만한 충분한 장소를 갖추고자 브리스톨 호스페어의 부지를 매입했다."고 기록했다. 이 새로운 장소, '뉴룸'은 감리교회의 요람이 되었다. 같은 해 런던에도 '파운더리' 부지를 마련했다. 이곳은 40년 간 부흥운동의 본부로 역할을 하게 된다.

잉글랜드의 가장 북쪽 뉴캐슬에는 1743년에 웨슬리 부흥운동의 북부 본부 역할을 할 모임 장소가 세워졌다. 뉴캐슬은 석탄 산지이자 항구로, 산업혁명의 중심지 중 한 곳이었다. 신도회 장소 이름은 '오펀하우스(고아원)'였는데, 실제로 고아원은 아니었지만 독일 경건주의나 조지아에 있는 고아원처럼 웨슬리의 이상을 담은 것이었다.

신도회의 목적은 '규칙적으로 모여 함께 경건의 능력을 추구하는 사람들의 사귐으로, 함께 기도하고 권고의 말씀을 받으며 사랑 안에서 서로를 돌보고 지켜주어 구원을 이루어 가는 것'이었다. 웨슬리는 신도회 안에 세 가지 규칙을 두었는데, 그것은 '모든 악을 피하라, 선을 행하라, 모든 은혜의 수단(규례)에 참여하라'였다.

각 신도회는 속회로 나뉘었다. 웨슬리는 처음에 브리스톨 뉴룸의 건축 부채를 갚기 위해 시작한 속회가 서로의 영적 상태를 점검하는 중요한 방편이 됨을 알게 되었다. 속회는 성화를 실천하는 장이자 은혜의 수단의 중심이 되었다. 더 작은 조직인 밴드(Band)에서는 자기 죄를 고백하고 '상호 영적 책임'을 훈련하였다. 웨슬리는 매년 주기적으로 북쪽과 서쪽 지역을 순회하며 신도회와 속회를 돌아보고 지도했다.

이처럼 웨슬리의 가장 탁월한 점은 조직력에 있었다. 휫필드는, 웨슬리는 신도회를 통해 사역의 열매를 맺은 반면 자신은 그것을 소홀히 했기에 모래밧줄과 같게 되었다고 후회하기도 했다. 말씀을 듣고 변화해도 그대로 두면 믿음은 퇴보하기 쉽다는 것을 잘 알았던 웨슬리는 신도회, 속회, 밴드와 같은 소그룹을 통해 그리스도인의 완전으로 자라가도록 이끌었다.

7. 부르심의 상을 향하여

1778년 런던 시티로드에 예배당이 완공될 즈음, 웨슬리 사역도 완숙기에 접어들었다. 웨슬리채플은 오늘날에도 예배가 이어지고 있는 감리교회의 모교회다. 예배당 옆에는 웨슬리가 말년까지 생활한 웨슬리하우스가 있고, 웨슬리 방에 있는 작은 기도 공간은 '파워룸'으로 불린다. 4만 번의 설교, 40만km에 달하는 전도 여행(지구에서 달까지의 거리), 그 원동력은 기도였다는 의미다.

웨슬리 말년에는 영국에서만 신도회 회원이 7만 명, 설교자들이 3백 명에 이르렀고, 미국에서도 그 수가 빠르게 증가해 영국을 거의 따라잡고 있었다. 규모나 조직에 있어 큰 부흥을 이루었지만, 이것은 긴장의 요인이 되었다. 세례와 성만찬을 베풀 목회자가 절대 부족했기 때문이다. 미국은 상황이 더 심각했다. 수천 명이 세례를 받지 못했고, 몇 년 동안 성찬을 받지 못한 사람들도 수두룩했다. 미국에 큰 부흥을 일으켰던 조지 휫필드도 죽고, 독립전쟁으로 목회자들이 다 철수한 상태였다. 웨슬리가 파송한 프란시스 애즈베리가 전역을 돌며 성도들을 돌보았지만 혼자서는 역부족이었다.

설교자들 사이에서 영국국교회와 갈라지자는 의견이 나왔지만, 웨슬리는 하나님께서 부흥을 일으키신 목적은 새로운 종교가 아니라 성서적·초대 교회적·영국국교적 믿음이라는 것을 강조하며 국교회와 분리될 의사가 없음을 분명히 했다. 그러나 결국 웨슬리는 1784년 평신도 설교자 두 명을 미국에 보내면서 토마스 코크를 감리사로 임명해 미국 신도회를 지도할 수 있는 권한을 위임하였다.

웨슬리 사후, 1795년 연회에서 '해결안'을 발표하여 설교자들이 성례전을 집행하고 영국국교회와 같은 시간에 예배와 성례전을 행하게 함으로써 영국국교회와 공식적으로 결별하고 '감리교회'로 출발하게 된다.

평생을 주님을 위해 달려온 웨슬리였지만, 인간적으로는 불행한 결혼생활 등 고통과 시련이 많았다. 그럼에도 웨슬리는 "나 역시 감정이 있고 슬퍼하기도 하지만, 하나님의 은혜로 아무것에도 속이 타지 않는다."고 고백하였다. 그는 자신의 건강 비결로, 여행을 대비해 항상 운동을 하고 신선한 공기를 마시며 잠을 규칙적으로 자고 감정 기복이 없다는 것을 들었다.

1791년 3월 2일, 존 웨슬리는 "가장 좋은 것은 하나님이 우리와 함께 계시는 것이다."라는 말을 남기고 세상을 떠났다. 웨슬리는 시티로드예배당 뒤뜰에 묻혀 있지만, 여전히 살아 있는 정신으로 우리를 일깨운다.

"나는 메소디스트라 불리는 사람들이 유럽이나 미국 등지에서 영원히 사라진다 해도 두렵지 않다. 진짜 두려운 것은 죽은 종파가 되어, 능력이 없이 신앙의 형식만 추구하는 자들로 존재할까 하는 것이다. 맨 처음 출발할 때 가졌던 교리, 정신, 훈련을 굳게 붙들지 않으면 그렇게 되고 말 것이다."

04 

기독교원리(개론)

감리회는 1930년 기독교조선감리회 제1회 총회에서 채택한 '교리적 선언'을 역사적 선언으로 중시하며, 이 '교리적 선언'을 1997년에 21세기에 맞게 수정 보완하여 제정한 '감리회 신앙고백'을 통해 우리의 신앙을 고백하고 있다.

기독교원리는 이 두 가지 신앙고백에 근거해서 감리회의 교리적 표준에 대해 공부한다. 이 학습은 우리에게 기독교적 세계관을 소유하게 하고, 신앙과 삶의 규범을 제공하며, 신앙 훈련의 가이드라인을 제공할 것이다. 더불어 기독교 진리를 다양한 상황 속에서 변증하는 것을 가능하게 할 것이다. 이러한 이유로 기독교원리를 공부하는 것은 목회자에 버금가는 사역을 감당하는 장로에게 필수적이다.

감리회 교리적 선언(하나님·예수 그리스도·성령·하나님의 은혜·성경·교회·천국·영생)과 감리회 신앙고백(하나님·예수 그리스도·성령·성경·하나님의 은혜·교회·선교·종말)은 모두 8개 조로 구성되어 있다. 이 둘 사이의 세부적 차이는 4조와 5조의 순서가 바뀌어 있는 것과 감리회 신앙고백 7조에서 선교를 추가했다는 점이다. 교리적 선언은 전체가 하나의 문장으로 구성돼 있으며 감리회 신앙고백은 각 조가 한 문장, 즉 8개의 문장으로 되어 있다. 또한 감리회 신앙고백이 웨슬리 신학에 조금 더 밀접하게 기초를 두고 만들어졌다.

웨스트민스터 소요리문답 1번은 인간의 창조 목적을 다루고 있다. 하나님께서 인간을 창조하신 이유는 하나님께 영광을 돌리고 하나님을 향유하게 하기 위해서다. 웨슬리 역시 이 부분에 동의한다. 그러나 인간의 현실로 인해 지금의 삶 가운데 '엄밀한 의미'에서 하나님께 영광을 돌리는 일은 한계가 있다. 그저 '하위의 의미(현실적 의미)'에서만 하나님께 영광을 돌릴 수 있다. 하나님께 영광을 돌린다는 말의 현실적 의미는 '불행(죄)에서 벗어남'과 '행복(하나님과 함께하며 하나님을 향유함)으로 나아감'이라는 두 종류의 선을 추구함을 의미한다. 인간 존재의 궁극적 목적을 위하여 삼위 하나님께서 사역하신다. 우리는 감리회의 교리적 표준을 이 전제 아래에서 살펴보아야 한다.

1. 하나님

교리적 선언 1조	감리회 신앙고백 1조
우리는 만물의 창조자시요 섭리자시며 온 인류의 아버지시요 모든 선과 미와 애와 진의 근원이 되시는 오직 하나이신 하나님을 믿으며	우리는 우주 만물을 창조하시고 섭리하시며 주관하시는 거룩하시고 자비하시며 오직 한 분이신 아버지 하나님을 믿습니다.

하나님께서 인간에게 주신 존재의 의미와 목적 성취는 우리가 그리스도를 주라 시인함으로 하나님의 자녀가 된 것에서 시작된다. 하나님의 자녀가 되면 하나님과의 단절이라는 궁극의 불행에서 벗어나고 죄책의 문제를 해결받는다. 그리고 하나님과의 친밀한 교제 가운데 행복의 깊이가 더해지며 하나님을 닮게 된다. 이 모든 일은 하나님을 알아가는 일과 깊은 연관이 있다. 따라서 기독교 신앙은 하나님에 대한 물음에서 시작되며, 그리스도인의 여정 가운데 하나님에 대한 앎이 지속적으로 깊어져야 한다. 우리는 하나님께서 하시는 일과 하나님의 성품(본성)을 통해 하나님을 알 수 있다.

창조자, 섭리자, 주관자로서의 하나님이라는 고백은 하나님의 사역과 관련이 있다. '창조주 하나님'이라는 고백에는 세 가지 의미가 있다. 첫째, 우주 만물은 피조물인 반면 하나님은 스스로 존재하시는 영원한 분이다. 둘째, 하나님은 우주 만물과 모든 선함, 아름다움, 사랑, 진리의 근원이시다. 셋째, 자연을 포함한 우주 만물의 주인은 인간이 아닌 하나님이시다. 따라서 자연은 인간의 착취 대상이 아니다. 하나님은 인간에게 생태 정의를 실현해야 할 청지기의 책임을 부여하셨다.

하나님의 사역은 세계를 창조하신 것으로 끝난 것이 아니다. 지금도 우주 만물을 섭리하고 주관하신다. 다시 말해 세상을 창조하신 하나님께서 당신의 뜻과 계획에 따라 지금도 이 세계에 개입하고 다스리신다. 여기서 주의할 점이 있다. 하나님은 독단적으로 세계를 다스리시지 않고 피조물의 자유와 선택을 존중하며 통치하신다는 사실이다.

하나님의 성품은 자연적 성품(전능·편재·전지)과 도덕적 성품(진리·거룩·사랑)으로 구분할 수 있다. 특별히 감리교회는 거룩과 사랑이라는 하나님의 도덕적 속성을 강조한다. 거룩이란 하나님의 내향적 측면으로 악과 죄에서 멀리 떨어져 있음을 의미한다. 그리고 하나님은 외향적 측면인 자비와 사랑으로 인간을 비롯한 우주 만물과 소통하신다.

'한 분이신 하나님'이라는 고백은 삼위일체론과 함께 이해해야 한다. 기독교는 성부, 성자, 성령 삼위가 한 분이신 하나님을 고백한다. 삼위는 동일한 본질과 권능이시다. 그러나 어떻게 삼위가 하나가 되는가 하는 방식은 신비이기에 인간의 제한된 이성으로는 완전히 이해할 수 없다. 교리적 선언과 감리회 신앙고백은 성부 하나님에 대하여 창조자, 섭리자, 주관자로 고백하며 그리스도를 대속자와 구세주로 고백한다. 또 성령에 대해서는 '거듭나게 하시고, 거룩하게 하시며, 완전하게 하시며 위안과 힘이 되시는 분'으로 고백한다. 이 고백은 각 위격이 대표하는 사역을 통한 삼위일체 설명과 연관된다.

2. 예수 그리스도

교리적 선언 2조	감리회 신앙고백 2조
우리는 하나님이 육신으로 나타나사 우리의 스승이 되시고 모범이 되시며 대속자가 되시고 구세주가 되시는 예수 그리스도를 믿으며	우리는 말씀이 육신이 되어 우리 가운데 오셔서 하나님의 나라를 선포하시고 십자가에 달려 죽으셨다가 부활승천 하심으로 대속자가 되시고 구세주가 되시는 예수 그리스도를 믿습니다.

교리적 선언 2조와 감리회 신앙고백 2조는 모두 '예수 그리스도는 누구시며 무엇을 하셨는가'에 대한 대답이다. 성육신에 대한 고백은 그리스도의 정체성과 관련이 있고 선포자, 대속자, 구세주라는 고백은 그분의 사역과 관련이 있다.

예수 그리스도는 말씀(logos)이신 하나님께서 육신이 되어 우리 가운데 오신 분이다. 예수 그리스도는 삼위일체의 두 번째 위격인 성자 하나님이시다. 태초부터 계셨던 로고스인 말씀은 신적인 본질을 지니고 있다. 이러한 성자 하나님께서 인간이 되셨다. 말씀이 육신이 되신 예수 그리스도 역시 신적인 본질을 지닌다. 그리스도의 성육신은 성육신을 통해 신성(신적인 본질)과 인성(인간적인 본질)이 완전하게 연합함을 의미한다. 그렇기에 우리는 그리스도를 참 하나님과 참 인간으로 고백한다. 참 인간으로서의 예수 그리스도는 죄가 없으셨다는 점을 제외하고 우리와 같은 인간이시다. 그분은 육신과 관련한 인간의 유한성을 가지셨고 배고픔과 목마름을 경험하셨다.

예수 그리스도는 '예수는 그리스도다' 또는 '예수는 메시아다'를 의미한다. 메시아이신 예수 그리스도께서 세상에 오셔서 '하나님 나라'를 가르치셨다. 치유와 기적을 행하신 것도 하나님 나라의 완성을 위해서였다. 하나님 나라는 하나님께서 통치하시는 나라, 하나님의 뜻과 공의가 이루어지는 화평의 나라다. 예수 그리스도는 하나님과 분리된 세상을 돌이켜 하나님의 뜻을 알게 하고 하나님께 돌아오게 함으로 화평케 하는 자의 사명을 감당하셨다.

우리는 하나님께서 보내신 메시아인 예수 그리스도를 대속자와 구세주로 고백한다. 우리의 죄를 대신 짊어지셔서 죄의 문제를 해결해 주시고 이 세상을 구원해 주시는 분임을 믿는다. 대속자와 구세주 되심의 근거는 '말씀이 육신'이 되어 이 땅에 오시어 하나님의 뜻 안에서 사시다가 고난을 받고 십자가를 지신 뒤 부활 승천하셨다는 것에 있다. 예수의 부활은 그의 삶과 죽음이 인간 구원의 길이며 하나님의 공의와 자비를 보여 주는 사건임을 알려 준다.

3. 성령

교리적 선언 3조	감리회 신앙고백 3조
우리는 하나님이 우리와 같이 계시사 우리의 지도와 위안과 힘이 되시는 성신을 믿으며	우리는 우리와 함께 계셔서 우리를 거듭나게 하시고 거룩하게 하시며 완전하게 하시며 위안과 힘이 되시는 성령을 믿습니다.

왕, 아버지와 같은 인격적 은유로 표현되는 성부 하나님과 예수 그리스도로 성육신하신 성자 하나님을 인격적으로 이해하는 것은 어렵지 않다. 그러나 바람, 불, 빛, 비둘기와 같은 비인격적인 은유로 표현되는 성령 하나님은 자칫 잘못하면 어떤 힘 혹은 에너지로 이해하기 쉽다. 분명히 알아야 할 것은 성령 하나님 또한 인격이시며 믿음의 대상이라는 사실이다. 성령님은 성부 하나님, 성자 하나님과 본질, 위엄, 영광이 동일하시다. 세 위격은 모두 동등하시다. 성령 하나님의 기원은 성부 하나님이시고, 그분을 이 땅에 보내신 분은 성자 하나님이시다(요 15:26 참조). 이에 성령 하나님은 '우리와 함께 계시는 하나님'으로 고백된다.

여기서 주의할 점은 '우리와 함께 계시는 성령님'이라는 고백이 성령님만이 우리와 함께하신다는 의미가 아니라는 것이다. 성부 하나님은 창조주, 섭리자, 주관자로, 성자 하나님은 대속자와 구세주로, 성령 하나님은 인도자로 우리와 함께하신다. 삼위일체의 관점에서 보면 삼위가 모든 사역에 함께하신다. 그럼에도 각 위격에 구체적인 사역을 연결시키는 이유는 그 사역에 있어서 한 위격이 주도권을 가지고 다른 위격들은 협력하시기 때문이다. 예를 들면 창조 사역에서는 성부께서 주도권을 가지고 성자와 성령은 동참하신다. 삼위가 교류와 교통을 하면서 연합할 때에는 성령께서 주도적인 역할을 하신다. 하나님과 인간(세계)의 연합을 주도적으로 이끄시는 분도 성령님이다.

성령께서는 우리를 거듭나게 하고(신생), 거룩하게 하며(성화), 완전하게 하는(그리스도인의 완전) 사역에 있어서 주도적이시다. 인도자로서의 성령님은 우리 안에서 일하신다. 따라서 성령의 사역은 우리의 내부 세계에 집중한다. 우리와 그리스도를 연합시키는 일도 성령이 하시는 사역이다. 성령은 신생, 성화, 완전이라는 구원의 여정으로 우리를 인도하신다. 우리는 그리스도를 구세주로 믿음으로 죄를 용서받는데, 이것을 '칭의'라고 한다. 칭의의 순간에 성령의 권능으로 우리는 새롭게 태어난다(거듭남). 이것이 '신생'인데, 실질적인 변화를 의미한다. 신생의 순간에 세상적이고 정욕적이며 악마적인 마음이 '예수 그리스도 안에 있는 마음'으로 변화되기 시작한다. 예수 그리스도의 마음을 온전히 닮아가기(그리스도인의 완전)까지의 변화와 성숙의 과정을 '성화'라고 부른다. 이 과정에서 우리의 연약함으로 시험과 고난을 당하여 괴로워할 때, 성령님은 위로와 힘의 근원이 되신다.

4. 성경과 은혜

	교리적 선언 5조	감리회 신앙고백 4조
성경	우리는 구약과 신약에 있는 하나님의 말씀이 신앙과 실행의 충분한 표준이 됨을 믿으며	우리는 성령의 감동으로 기록된 하나님의 말씀인 성경이 구원에 이르는 도리와 신앙생활에 충분한 표준이 됨을 믿습니다.

	교리적 선언 4조	감리회 신앙고백 5조
은혜	우리는 사랑과 기도의 생활을 믿으며 죄를 용서하심과 모든 요구에 넉넉하신 은혜를 믿으며	우리는 하나님의 은혜로 믿음을 통해 죄사함을 받아 거룩해지며 하나님의 구원의 역사에 동참하도록 부름 받음을 믿습니다.

성경은 기독교가 추구하는 최종 목표인 '구원에 이르는 도리', '신앙생활의 충분한 표준'이다. 성경, 전통, 이성, 체험을 감리교 신학의 네 가지 표준이라고 부른다. 한국 감리교회는 여기에 토착문화를 추가하여 '기독교대한감리회 신학을 위한 지침'으로 제시한다.

기독교 신앙의 핵심은 성경을 통해 계시된다. 성경적 진리들은 전통에 의해 조명되며, 체험을 통해 활기를 띠고, 이성에 의해 확인된다. 그리고 이 성경적 진리 적용을 위해 적용의 대상인 한국인들의 심성과 문화에 대한 깊은 이해가 필요하다. 그러나 네 가지 표준이든 다섯 가지 지침이든 반드시 명심해야 할 것은 성경이 최우선한다는 것이다. 전통, 이성, 체험, 문화에 대한 이해는 보조적일 뿐이다.

하나님께서 성령의 감동 가운데 있는 인간 저자를 사용하셔서 성경을 쓰신 것이다. 따라서 직접적 저자는 인간이라 할지라도 궁극적 저자는 하나님이시다. 또한 성경은 하나님의 말씀이며 최종적 계시다. 하나님은 자신을 계시하실 때 자연, 인간, 역사 등 다양한 통로와 방법을 사용하시지만, 당신을 드러내고 전달하는 계시를 위한 적합한 방법으로 말씀을 사용하신다. 이에 구약 시대에 끊임없이 하나님의 말씀을 전하는 예언자들을 이 땅에 보내셨다. 그리고 결정적이며 궁극적으로 하나님 자신을 인간들에게 계시하신 것은 예수 그리스도를 통해서였다. 하나님이 성육신하신 예수 그리스도는 하나님의 계시 그 자체시다. 이러한 계시를 성경이 담고 있다. 또한 성경의 가장 중요한 핵심은 예수 그리스도에 대한 증언이다. 이러한 측면에서 성경은 하나님의 말씀을 인간에게 전달하는 가장 근원적인 통로다.

하나님이 우리에게 성경을 주신 목적은 '구원에 이르는 도리'와 '신앙생활의 표준'을 알려 주시기 위해서다. 감리회의 창시자 존 웨슬리는 '성경적 구원의 길'이라는 설교에서 구원의 여정을 설명하고 있는데, 그 순서는 다음과 같다. 원죄와 선행은총 ⋯▸ 죄를 깨닫게 하는 은총과 회개 ⋯▸ 칭의의 은총과 칭의 ⋯▸ 성화의 은총과 성화 ⋯▸ 그리스도인의 완전 ⋯▸ 영화(구원의 여정에 관한 설명은 이명장로 고시과정의 '감리교신학' 참고).

구원의 여정 가운데 하나님께서 먼저 일하시고 하나님의 은총에 힘입은 우리는 하나님의 구원 사역에 응답할 수 있게 된다. 웨슬리는 이러한 구원에 이르는 도리를 성경에서 찾았다. 또한 우리는 성경이 개인의 신앙생활과 신앙공동체인 교회생활에 필요한 충분한 표준을 주고 있음을 믿는다. 성경의 각 권은 당시의 신앙 공동체의 구체적인 삶의 정황 가운데서 기록된 것이다. 때문에 동일한 주제에 대해 다양한 관점을 제시하는 것처럼 보이는 경우들이 있다. 이러한 상황에서 신앙생활의 표준을 찾을 때, 웨슬리는 성경을 부분적으로 읽기보다 통전적(전체적)으로 읽을 것을 제안한다. 왜냐하면 웨슬리는 성경의 각 본문은 성경 전체와 상응하는 '평이한 의미'를 구체적으로 나타낸다고 생각했기 때문이다.

엄밀한 의미에서 구원은 칭의와 성화를 의미한다. 따라서 감리회 신앙고백은 '하나님의 은혜로 믿음을 통해 죄 사함을 받아 거룩해지는 것'임을 강조한다. 우리가 죄 사함을 받을 수 있는 것은 하나님의 은혜로 믿음을 통해서임을 인지해야 한다. 죄 사함은 예수를 그리스도와 구세주로 믿는 믿음을 통해서 받는다. 이때 내가 결단해서 믿는 것이기 때문에 마치 나를 통해서 구원이 시작되었다고 착각하기 쉽다. 그러나 믿음이 생기는 것 역시 먼저 은혜가 있기에 가능하다. 은혜가 없으면 우리는 죄를 깨닫지도 못하고, 죄 문제의 해결이 예수 그리스도에게 있음을 알 수도 없다. 하나님께서 먼저 믿음이라는 영적인 감각을 열어 주셔야만 그리스도께서 나를 구원하셨음을 깨달아 알고 그분을 구세주로 신뢰할 수 있다.

은총에서 비롯된 믿음을 통해 우리는 하나님께 의롭다 여김을 받게 된다.

이때 하나님은 우리를 그리스도의 의로 덧입혀 주시며 동시에 의를 심어 주신다. 그리스도의 의 때문에 우리는 그리스도를 점점 더 닮아갈 수 있다. 성화의 과정에서 남아 있는 내적 죄악성은 점점 제거되고 그 빈자리를 거룩한 사랑이 채움으로 우리는 하나님 사랑과 이웃 사랑을 실천하게 된다. 이것이 웨슬리가 말하는 '성경적 거룩(성서적 성결)'이다. 하나님은 구원받은 자녀 모두를 구원의 역사에 동참하도록 부르고 계신다.

5. 교회

교리적 선언 6조	감리회 신앙고백 6조
우리는 살아 계신 주 안에서 하나이 된 모든 사람들이 예배와 봉사를 목적하여 단결한 교회를 믿으며	우리는 예배와 친교, 교육과 봉사, 전도와 선교를 위해 하나가 된 그리스도의 몸인 교회를 믿습니다.

교회는 예배당이라는 건물을 의미하기보다는 그리스도인들의 모임인 신앙공동체를 의미한다. 기독교대한감리회는 성경에 나타난 다양한 은유(하나님의 백성, 그리스도의 몸, 그리스도의 성만찬적인 몸, 그리스도의 신부, 새로운 예루살렘, 그리스도의 편지 등) 가운데 '그리스도의 몸'으로서의 교회를 선택하고 있다. 즉 그리스도의 몸인 교회는 머리이신 예수 그리스도의 생각과 마음을 따라서 활동해야 한다.

어떠한 활동이 중심이 되어야 하는가? 하나님의 말씀 선포와 정당한 성례전의 집례, 즉 예배다. "유형한 그리스도 교회는 참 믿는 이들의 모인 공회니 그 가운데서 순전한 하나님의 말씀을 전파하며 또 그리스도의 명령하신 것을 따라 성례를 정당히 행한다. 이 모든 필요한 일이 교회를 요구하는 것이다." (감리회 종교강령 13조) 여기에 더불어 감리회 신앙고백에 따르면 친교, 교육, 봉사, 전도와 선교 역시 교회가 행해야 할 일이다. 이 모든 활동은 하나님 사랑과 이웃 사랑의 실천이 되어야 한다.

교회는 그리스도의 몸이다. 따라서 그리스도의 마음과 뜻에 따라서 그리스도께서 걸어가셨던 그 길을 걸어가야 한다. 즉 교회는 제자도를 실현하는 신앙 공동체가 되어야 한다.

6. 사명

교리적 선언 7조	감리회 신앙고백 7조
우리는 하나님의 뜻이 실현된 인류 사회가 천국임을 믿으며 하나님 아버지 앞에 모든 사람이 형제 됨을 믿으며	우리는 만민에게 복음을 전파함으로 하나님의 정의와 사랑을 나누고 평화의 세계를 이루는 모든 사람들이 하나님 앞에 형제 됨을 믿습니다.

기독교대한감리회는 역사적으로 초기 감리회 시절부터 감리회 구성원들의 사명에 대한 확고한 진술이 있었다. 1763년 연회록에 보면 연회에서 설교자들에게 왜 하나님께서 '메소디스트'라고 불리는 사람들을 부르셨는지에 대한 문답을 하게 했다. 이 질문을 받은 설교자들은 "국가를 특별히 교회를 개혁하기 위해서 그리고 이 땅에 성서적 성결을 전파하기 위해서 하나님께서 그들을 부르셨다."고 대답했다. 그들은 모든 인류를 사랑하시는 하나님을 위해서 성서적 성결 전파를 통해 교회와 국가가 개혁되기를 소망했다. 즉 이 땅에서 하나님의 뜻이 온전히 이루어지기를 소망했다.

바꾸어 말하면 감리회의 사명은 세상의 변혁을 위해 예수 그리스도의 제자가 되고 제자를 만드는 것이다. 만민에게 복음을 전파하고 하나님의 정의와 사랑을 나누며 평화의 세계를 이룸으로써 하나님의 뜻이 실현되는 인류 사회를 만들어 가는 것이 감리교인의 사명임을 선포한다.

그리고 한 가지 명심해야 할 것은 하나님 앞에서 모든 사람은 평등한 형제와 자매라는 사실이다.

7. 종말

교리적 선언 8조	감리회 신앙고백 8조
우리는 의의 최후 승리와 영생을 믿노라. 아멘.	우리는 예수 그리스도의 재림과 심판, 우리 몸의 부활과 영생 그리고 의의 최후 승리와 영원한 하나님 나라를 믿습니다. 아멘.

감리회의 교리적 선언 8조와 신앙고백 8조는 모두 종말과 관련한 신앙고백이다. 우리의 삶은 현실 세계에서 끝나는 것이 아니라 다가올 세계에서 영원히 지속된다. 예수 그리스도께서 재림하실 때 모든 영혼은 죽지 않는 변화된 몸으로 부활해서 심판을 받는다. 대심판 후 하나님의 약속을 신뢰하는 의인은 하나님 나라에서 하나님과 함께 영원히 즐거움 가운데 거하고, 하나님을 신뢰하지 않는 악인은 지옥에 떨어져 분노, 악의, 공포, 절망 속에서 끊임없이 고통당한다.

의의 기준은 하나님이시다. 따라서 의의 최후 승리는 의이신 하나님의 승리를 의미한다. 종말의 때에 하나님께서 의의 최후 승리를 이끌어 내실 것이며, 하나님의 정의가 온전히 이루어지는 하나님 나라가 영원히 계속될 것이다. 감리교도는 이 소망 가운데 세상에서의 삶에서 불의에 저항하며 하나님의 의를 세워 가는 일에 적극적으로 참여할 의무가 있다.

장로의 사명과 직무

미국에서 가장 영향력 있는 기독교 지도자 가운데 한 사람인 조지 바나 목사는 리더와 강력한 리더십이 없어서 미국 교회가 죽어가고 있다고 분석했다. 이는 한국 교회도 직면한 일이다.

도산 안창호 선생은 “우리 가운데 인물이 없는 것은 인물이 되려고 마음먹고 힘쓰는 사람이 없는 까닭”이라고 했다. 좋은 리더는 태어나는 것이 아니라 만들어진다. 공동체가 리더보다 더 위대해지는 것은 매우 드물다. 그러므로 어느 기관, 어느 공동체든 늘 조직을 책임적으로 이끌 사람을 찾는다. 교회 안에 이런 좋은 장로 한 사람이 세워지면 하나님은 그와 함께 교회를 크게 성장시키실 것이다.

1. 장로직의 기원

고대 그리스에는 ‘게루시아’, 로마에는 ‘원로원’, 영국에는 ‘엘더맨’, 북미 원주민에게는 ‘지혜로운 노인’이라는 지도자가 있었다. 이들은 지식과 경험이 풍부한 어른, 장로를 뜻했다.

북미 원주민 사회에서는 어린 자녀를 학습시킬 때 마을 노인들에게 보냈다. 경험이 풍부하고 지혜가 가득한 노인을 만나고 돌아온 자녀들은 종족의 정체성을 뚜렷하게 익힌 훌륭한 전사로 다시 태어나곤 했다. 이런 지혜로운 노인, 어르신, 지도자들이 신구약과 교회 안에서 장로라 일컬어진다.

1) 구약 시대의 장로

장로 제도는 애굽(창 50:7), 미디안(민 22:7), 고대 근동 사회에서 쉽게 볼 수 있었다. 모세가 소명을 받고 애굽에 들어가서 만난 이들도 히브리인의 장로들이었다(출 4:29).

히브리어로 '수염'을 뜻하는 '자켄(장로)'은 구약과 유대교 문헌 속에서 종교적인 의미보다는 지파의 어른, 노인, 연장자를 지칭했다. 그들은 공동체 속에서 권위 있는 대표자나 지도자였다. 그들은 경험이 풍부하며, 지식과 지혜를 다 지닌 자가 아니더라도 공동체를 이끌어야 했기에 남과 달라야 했다(출 18:13~22). 왜냐하면 그들은 정치·군사·종교·법률적 문제에 있어서 지도자의 역할을 감당했기 때문이다(삿 11:5, 삼상 30:26). 전쟁 중에는 지휘자로, 평화로울 때는 재판장과 행정인, 공동체의 대표자 역할을 맡았다(레 4:13~21). 그들은 상업적 거래의 증인 역할도 했으며(룻 4:4), 나라의 왕을 선택하는 일에도 참여했다(삼상 8:4~5, 삼하 3:17).

그들은 점차 지파와 공동체의 장로라는 제도로 정착했다. 장로의 역할은 바벨론에 의해 멸망당하고 포로가 되었을 때도 계속 유지됐다(렘 29:1, 겔 8:1). 모세와 함께 녹명된 70여 명(민 11:25)은 기원전 2~3세기에 제정된 유대교 산헤드린 의회의 기초가 되었다.

2) 신약 시대의 장로

초대 교회에서도 '프레스뷔테로스'로 일컬어지는 장로들이 있었다. 이들은 연장자들로, 사도들이 그 장로의 역할을 차지했다. 바울과 바나바는 소아시아의 각 지역 교회에 신실한 사람들을 택하여 장로로 세웠다(행 14:23). 그런 장로들은 사도들과 협력하여 교회 행정의 주요 업무를 처리하였다(행 15:2, 16:4, 21:17~26). 그들의 직무는 가르치고 설교하고 권면하는 일로, 오늘날 교역자들과 같았다(행 20:28, 딛 1:5~7). 장로들은 교회를 돌보는 일을 맡았기에 잘 다스리는 장로들은 배나 존경을 받았다(딤전 5:17).

3) 장로교회의 장로

오늘날 장로는 장로교회의 제도 아래서 살펴보아야 한다. 장로교회의 장로는 목회자와 협력하여 교회의 치리와 질서 유지에 힘쓰며, 교인들의 의견을 대변하고, 어느 개인의 독재를 막는 치리자 또는 교인의 대표자로 섬기는 제도다. 한국 장로교회의 장로 제도는 존 낙스의 스코틀랜드 장로교회의 영향을 받아 치리와 가르치는 일로 구분한다. 장로교회 장로는 이 두 가지 역할을 맡는 장로(목사)와 치리만 담당하는 장로로 구분하고 있다.

4) 한국 감리교회의 장로

초기 한국 감리교회 안에는 미국 연합감리교회처럼 장로 제도가 없었다. 그러다가 1949년, 한국 감리교 안에 장로 제도가 채택되었다. 감리교회의 장로는 지방회에서 개체교회로 파송 받아 교역자와 함께 교회를 치리하고 교역자에게 협력하는 제도로 발전하였다.

2. 장로로의 부름

1) 소명

직업을 뜻하는 영어 단어 오큐페이션(Occupation)은 '하나님께서 부른다'에서 유래했다. 단순히 먹고 살기 위해서 하는 일이기 전에 하나님께서 부르셨다는 소명의식(Calling)이 직업에 진정 필요함을 의미한다. 의사가 돈을 벌기 위해 병자를 고치기보다 아픈 이들의 생명을 구하기 위해 부름 받았다는 의식을 가지면 확연하게 다른 의사의 삶을 살게 된다.

지방회에서 안수례까지 받는 장로는 그리스도 안에서 주님의 몸 된 교회와 성도, 이웃과 세상을 섬기도록 부름을 받는다. 참 소명의식은 하나님과의 인격적 만남에서 주어진다. 소명의식은 명확한 자기 정체성을 심어 주며 자신의 사역이 더디거나 부족해도 겸손히 달려가게 한다. 이런 확고한 소명은 각종 어려움 속에서도 인내하게 하는 든든한 디딤목이 된다(갈 1:1). 나를 부르신 이가 하나님, 나를 쓰시는 이도 하나님, 나를 판단하시는 이도 하나님, 나와 함께하시는 이도 하나님이란 소명의식은 일의 성패와 상관없이 자유하게 만든다. 장로로 부름 받은 이들은 성령 안에서 자신의 소명의식을 늘 확인할 필요가 있다.

2) 교회에 의한 부르심

장로는 개인이나 사회의 요청이 아닌 오직 하나님의 나라와 그의 영광을 위해 교회에 의해서 세워진다. 즉 교회의, 교회에 의한, 교회를 위한 존재가 장로인 것이다. 따라서 교회를 떠나서도 안 되고, 교회에 해(害)가 되어서도 안 된다.

장로는 신앙 공동체의 유익을 위해 영향력 있는 리더십을 갖추어 교회의 중심 일꾼, 평신도의 영적 지도자로 은혜 가운데 세움을 받아야 한다. 『교리와 장정』의 내용대로 장로는 삼십인 역할을 감당하며 삼십여 명 그 이상의 성도를 이끄는 리더다. 이러한 장로는 개체교회의 필요와 성장, 사역, 비전에 맞추어 선택된다.

3. 장로의 자격

우리 연약한 인간이 전능하신 하나님의 마음에 합한 자가 되기란 여간 어렵지 않다. 바울은 운동장의 선수처럼 최선을 다하며 달려갔지만 "내가 이미 얻었다 함도 아니요 온전히 이루었다 함도 아니라 오직 내가 그리스도 예수께 잡힌 바 된 그것을 잡으려고 달려가노라(빌 3:12)."고 고백했다. 공동체에서 교회의 핵심 리더인 장로를 세우고자 할 때에는 기준이 있어야 한다. 그 기준을 정할 때 기본적으로 다음의 세 가지를 염두에 두어야 한다.

1) 『교리와 장정』에 준해서

기독교대한감리회 『교리와 장정』에 나오는 장로의 자격 요건을 살펴보면, 평신도가 집사와 권사의 과정을 거쳐 장로가 되기까지 10년 이상이 걸리는 것을 알 수 있다. 바울은 새로 입교한 이를 장로로 뽑지 말 것을 요청했는데, 그것은 마음이 쉽게 교만해지며 교회의 제도와 전통을 몰라 바르게 행동하지 못할 가능성이 많기 때문이었다. 장로를 사모한다면 임명되기까지 필요한 모든 과정을 성실하게 거치면서 충분하게 훈련받고, 교인들의 지지와 신뢰를 얻도록 노력해야 한다.

2) 성경에 준해서

성경의 장로와 오늘의 제도권 아래의 장로 사이에는 전이해가 필요하다. 신약에서 장로는 오늘의 성직자에 더 가깝기 때문이다. 그런 점에서 오늘의 장로 자격을 성경에서 찾기란 쉽지 않다. 하지만 구약(출 18:20~22)과 신약(행 6:3~6) 모두 공동체의 지도자를 뽑을 때 기본적인 틀이 있었다. 지도자의 자질을 언급한 두 목회서신 디모데전서 3장 1~7절과 디도서 1장 5~9절은 장로의 자격을 다음과 같이 설명한다.

디모데전서 3:1~7	디도서 1:5~9
책망할 것이 없으며	책망할 것이 없고
한 아내의 남편이 되며	한 아내의 남편이며
절제하며	믿는 자녀를 둔 자라야 하며
신중하며	제 고집대로 하지 아니하며
단정하며	급히 분내지 아니하며
나그네를 대접하며	술을 즐기지 아니하며
가르치기를 잘하며	구타하지 아니하며
술을 즐기지 아니하며	더러운 이득을 탐하지 아니하며
구타하지 아니하며	나그네를 대접하며
관용하며	선행을 좋아하며
다투지 아니하며	신중하며
돈을 사랑하지 아니하며	의로우며
자기 집을 잘 다스리며	거룩하며
새로 입교한 자가 아니며	절제하며
외인에게 선한 증거를 얻은	미쁜 말씀의 가르침을 그대로
자라야 할지니	지켜야 하리니

성경에서 요구하는 이러한 자격을 갖추기 위해서는 긴 훈련과 연단의 과정이 필요하다. 장로는 완전한 자가 아니라 만들어져 가는 자다. 어떤 요소 중에 결정적인 결핍은 장로의 자격에 공격을 받을 수 있다. 성경이 제시하는 기준은 어느 일정 기간 안에 끝낼 것이 아니라 평생에 걸쳐 지속적으로 성장해 가야 한다. 지도자의 훈련은 평생 과정이기 때문이다.

3) 사회적 기준에 준해서

교회 지도자인 장로는 교회가 세상에서 칭찬받고 세상을 향해 나아가야 하기에 사회적으로 지탄받는 자가 되어서는 안 된다. 바울도 '장로는 책망할 것이 없는 자'라고 명시했고, 초대 교회의 일곱 집사도 사회에서 칭찬받는 자들이었다. 교회 지도자는 영적인 면에서 거룩하고, 윤리적인 면에서 정직하며, 신앙과 사회적인 면에서 성실하고 큰 흠이 없어야 한다. 결국 장로는 교회 안과 밖에서 선한 영향력을 주어 하나님께 영광을 돌려야 한다.

존 맥스웰 목사는 자신의 책 『위대한 영향력』에서 "많은 사람들이 지식을 가지고 잠시 성공한다. 몇몇 사람들이 행동을 가지고 조금 더 오래 성공한다. 소수의 사람들이 인격을 가지고 영원히 성공한다."고 밝혔다. 이런 점에서 베드로는 "장로들은 사람들에게 본이 되어야 할 것"을 강조했다(벧전 5:3).

4. 장로의 직임

1) 은혜의 자리에 서는 자

장로는 늘 하나님 앞에 서는 자다. 하나님 앞에 서지 못해 은혜가 식으면 자기 성질과 지식이 앞장서 정체성과 사역이 방향을 잃게 된다. 과거에 선한 사역에 많이 참여했다고 나중까지 충성된 자가 되는 것은 결코 아니다. 처음된 자가 나중 되고, 처음과 달리 나중이 추해진 사람들이 많다. 그러므로 장로의 사역 중 가장 으뜸은 영적으로 갈망하는 자가 되는 것이다. 날마다 하나님의 긍휼하심을 받고, 때를 따라 돕는 은혜를 얻기 위하여 은혜의 보좌 앞으로 나아가야 한다.

사막의 수도원은 하나님 앞에 경건하게 살고자 하는 수사들로 붐볐다. 택함을 받은 수사마다 개인 수실에서 훈련을 받았다. 모든 수실 중앙에는 하나님께 나아가는 성전이 있었다. 시간이 지나자 누가 성전을 자주 출입했는지, 누가 게으른지 저절로 알게 되었다. 수풀이 수북이 난 길로 연결된 수실은 금방 눈에 띄었기 때문이다.

사막의 수사들만이 아니라 우리도 '주님 앞에 홀로 섬(고독)'이 필요하다.

고독의 자리에 앉아 홀로 기도하는 것은 단지 혼자 있음을 의미하지 않는다. 그 자리는 그리스도를 만나는 자리로, 변화가 일어나는 회심의 장소다. 거짓된 자기가 죽고 진정한 자아가 태어나는 장소요, 새로운 사람으로 출발하는 자리다.

예수님은 하나님 앞에서 자주 기도하셨고 기도로 하루를 시작하셨다. 그 기도의 자리에서 자기 자신의 뜻이 아닌 하나님의 뜻을, 하나님의 일을 할 용기를 발견하셨다. 바쁠수록, 중대할수록 하나님과 함께하는 자리를 자주 가지신 예수님은 실패와 비난 앞에서도 자유로우셨다. 하나님 앞에 홀로 선 자리는 예수님 사역의 출발점이자 돌아갈 자리였다. 제자들을 한적한 그 자리(막 6:32, 눅 4:42)로 이끄셨던 예수님은 오늘 교회 지도자인 장로들을 그 자리로 이끌고 계신다. 그것이 사역의 시작이자 과정이고 마지막이기 때문이다. 그 앞에 홀로 설 때 결코 우리를 버리지 않겠다고 약속하신 위대한 주님을 만나게 된다. 그것이 장로의 으뜸가는 사역이다.

2) 자기 계발에 힘쓰는 영성가

영성가 마조리 톰슨(Marjorie Thomson) 목사는 "영성은 우리 안에 하나님의 성령의 생명력과 영향력을 증가시키는 것이다."라고 했다. 영성은 저절로 계발되는 것이 아니라 능동적 노력과 수동적 은총 속에서 얻는 축복이다. 이러한 영성을 계발시키는 일은 자신의 영을 빚어서 주님의 성품을 명확하게 부여하는 평생 과정이다.

장로안수를 받았다고 해서 저절로 좋은 장로가 되는 것이 아니다. 다 이루었다는 마음 대신 모든 것을 내려놓고 날마다 배우고자 하는 마음가짐을 가져야 한다. 내 영을 그리스도의 영에 맞추고, 가장 깊은 내면(마음, 의지, 영)에 예수님의 성품을 입어야 한다. 이를 위해 날마다 그리스도께 순종하고, 부활하신 주님의 실체와 하나 되는 삶을 의도적으로 추구해야 한다. 그럴 때 나는 죽고 내 안에 그리스도께서 사시는 영적인 삶을 이루게 된다.

3) 가정 사역자

교회 지도자에게는 성취보다 성품이 더 중요하다. 큰 성과를 이루었음에도 도덕적으로 실패해 무너진 리더들을 우리는 많이 목격했다. 특히 교회 지도자들이 가정에서 많이 실패했다. 가정은 육체적·정신적·영적 삶의 요람이자 활력소다. 가정이 행복하면 사회도 국가도 건강하게 성장하지만, 가정이 바로 서지 못하면 교회도 사회도 국가도 그 기반이 흔들리게 된다. 그래서 바울은 "우리는 기회 있는 대로 모든 이에게 착한 일을 하되 더욱 믿음의 가정들에게 할지니라(갈 6:10)."고 했다.

장로가 중요하게 여겨야 할 직임 가운데 하나가 가정 사역이다. 가정은 누구도 대신해 줄 수 없는, 하나님이 각자에게 주신 고유한 영역이며 독특한 사역지다. 장로는 무엇보다 가족들과의 인격적인 관계 속에서 원만한 가정을 유지해 가야 한다. 다른 이들의 모범이 될 만큼 배우자를 존중하고 자녀를 사랑하는 일에 애써야 한다. 건강한 가정이 장로 사역에 힘을 주는 근원이 됨을 염두에 두고, 가족들의 신뢰와 사랑 속에서 생활해야 한다.

4) 교회를 섬기는 리더

장로의 직임과 사역이 가장 집중된 곳은 교회다. 『교리와 장정』에 나와 있는 교회에서의 장로 직무를 간략하게 살펴보면 ① 담임자를 도와 예배, 성례, 그 밖의 행사 집행 보좌 ② 담임자를 도와서 교회 임원들의 활동 지도 ③ 교인들 심방과 신앙 지도 ④ 교회의 재정 유지에 적극 참여 ⑤ 담임자의 부재나 유고 시 위임받은 범위 내에서 담임자의 직무 대행 등이다.

교회에서 장로가 어떤 존재이며 무슨 일을 해야 하는지 제대로 인지할 때, 무엇을 하지 말아야 하는지도 분별하게 된다. 장로는 담임자의 중요한 영적·사회적·재정적 파트너로 부름 받았다. 아론과 훌이 모세의 좌우 팔을 부축하여 승리하게 한 것처럼, 장로는 목사와 협력하여 주의 몸 된 교회가 건강하게 선한 사역에 승리하도록 해야 한다(출 17:8~15). 담임자와 장로가 불편해지면 교회는 크게 휘청거린다. 갈등이 없을 수 없으나 오래 가지 않도록 금세 화해해야 한다(엡 4:26~27). '담임자를 도와서'란 사역이 이루어지도록 담임자의 실수나 어려움 앞에서 공격하기보다 이해하고 도와야 한다. 또한 장로는 물질로 섬기는 일에도 모범이 돼야 한다. 몸과 마음과 물질로 교회 임원들과 모든 성도를 섬기는 일에 본을 보여야 한다.

그리고 장로는 분(憤)을 내지 말아야 한다. 성경에 "노하는 자는 다툼을 일으키고 성내는 자는 범죄함이 많으니라(잠 29:22)."고 했고, "사람이 성내는 것이 하나님의 의를 이루지 못함이라(약 1:20)."고도 했다. 분은 상대방의 마음에 상처를 주며 관계를 어렵게 만든다. 감정을 드러냄으로 얻을 수 있는 결과는 다툼과 분쟁뿐이다. 따라서 교회 안에서 늘 화평을 이루는 장로가 되도록 바울의 말씀(엡 4:2~3)대로 겸손함과 온유함으로 깍듯이 대하고 인내하면서 사랑으로 지체들을 용납해야 한다.

5) 외인에게 선한 증거를 얻은 자

하나님은 우리를 통해 당신의 사랑을 나타내기 원하시기에, 우리의 믿음 생활은 생활 신앙이 되어야 한다. 일곱 집사가 '모든 사람에게 칭찬받는 자들'이었듯이(행 6:1~6), 장로는 '외인에게서도 선한 증거를 얻은 자'라야 한다(딤전 3:7). 즉 교회 밖의 사람들에게 좋은 평을 받을 수 있어야 한다.

이를 위해서 장로는 주중에도, 타인의 시선이 없는 곳에서도, 세상에 나가서도 거룩함과 경건함을 잃지 말아야 한다. 만일 교회 안에서의 모습과 사회생활과 일상에서의 모습이 크게 다르다면 하나님의 영광을 가릴 뿐 아니라 선교의 문도 닫힌다. 장로는 하나님의 이름을 앞세운 그리스도인답게 세상에서도 정의롭고 타인의 본이 되는, 하나님의 사랑을 전하는 생활 속 선교사여야 한다. 남 대접하기를 즐거워하고 그리스도 섬기듯 이웃을 사랑할 때 그의 영혼은 항상 청정할 것이다.

장로는 귀한 직임이다. 장로는 영적으로 성숙한 사람으로서 하나님 앞에서 거룩하고, 교회에서 충성하고, 가정에서 신실하고, 사회에서 성실하고 선한 증거를 드러내야 한다. 그런 결단을 하는 교회의 장로들에게 바울은 이렇게 권면한다.

"끝으로 형제들아 무엇에든지 참되며 무엇에든지 경건하며 무엇에든지 옳으며 무엇에든지 정결하며 무엇에든지 사랑 받을 만하며 무엇에든지 칭찬받을 만하며 무슨 덕이 있든지 무슨 기림이 있든지 이것들을 생각하라(빌 4:8)."

본이 되는 하나님의 사람

장로 개정판

펴 낸 날 | 2021년 11월 25일 (1판 1쇄)
2023년 1월 5일 (2판 1쇄)
2026년 1월 15일 (3판 1쇄)

펴 낸 이 | 김정석

엮 은 곳 | 기독교대한감리회 교육국

집필위원 | 김민석 박경식 이긍재 이사야 이성민 이희학
조경철 조은하 조이제 최선순 한은혜 황현숙

감 수 | 왕대일

펴 낸 곳 | 기독교대한감리회 도서출판kmc
서울특별시 종로구 세종대로 149 감리회관
대표전화 02-399-2008 팩스 02-399-2085
http://www.kmcpress.co.kr

등 록 | 제2-1607호(1993. 9. 4.)

제 작 | 디자인통

값 12,000원

ISBN 978-89-8430-229-7 13230